如何科学学外语

语言习得的真相与方法

[日]白井恭弘——著
甘菁菁——译

Yasuhiro Shirai

人民邮电出版社
北京

图书在版编目（CIP）数据

如何科学学外语：语言习得的真相与方法 /（日）白井恭弘著；甘菁菁译. -- 北京：人民邮电出版社，2021.7

ISBN 978-7-115-56244-9

Ⅰ. ①如… Ⅱ. ①白… ②甘… Ⅲ. ①外语－语言学习－研究 Ⅳ. ①H09

中国版本图书馆CIP数据核字(2021)第054056号

内 容 提 要

本书是基于“第二语言习得”理论的外语学习科普读物。书中围绕“如何科学学外语”这一问题，从实证的角度解读了人类掌握母语以及外语的原理，并以此归纳出科学的外语学习方法。此外，本书针对“学外语是否越早越好”“口语重要还是语法重要”“输入和输出如何平衡”等实际问题，从外语学习者、外语教授者两种立场出发，科学地分析了外语学习中的常见误区，并结合实际的研究项目，介绍了科学、高效的外语学习原则与方法。

本书适合作为广大外语学习者的学习方法指南，也适合外语教师、外语研究者、家长阅读参考。

◆ 著　　　　［日］白井恭弘
　译　　　　甘菁菁
　责任编辑　武晓宇
　责任印制　周昇亮

◆ 人民邮电出版社出版发行　　北京市丰台区成寿寺路11号
　邮编　100164　　电子邮件　315@ptpress.com.cn
　网址　https://www.ptpress.com.cn
　涿州市般润文化传播有限公司印刷

◆ 开本：880×1230　1/32
　印张：7　　　　　　　　2021年7月第1版
　字数：117千字　　　　　2024年7月河北第7次印刷

著作权合同登记号　图字：01-2019-1636号

定价：69.80元

读者服务热线：(010)84084456-6009　印装质量热线：(010)81055316

反盗版热线：(010)81055315

广告经营许可证：京东市监广登字20170147号

版权声明

前言

怎样才算掌握一门外语

大部分人从初中、高中直至大学多会花费大量时间和精力学习英语，但最终能学以致用的人屈指可数。一些人虽然从未去英语国家留学，却能说一口地道流利的英语。很多举家赴海外工作的家庭里，出国前英语水平为零的孩子，仅用一年时间其英语水平就超过了大学毕业的母亲。这些差距究竟从何而来?

我们的外语学习，大多回避了“怎样才算掌握一门外语”这一问题。我们只为了遵从学校老师的安排，或者为了考个好成绩，而不断尝试各种外语学习方法。有一些学习者在意识到学校里教的外语不实用后，会自学或者报口语班，但是这些外语学习方法似乎具有较大的随意性和不确定性。很少有人能确切地说出这些方法是否科学有效，或者有没有更高效的方法。即使有人能列举出一些方法，也大多只是主观看法。那么，究竟有没有高效的外语学习方法呢？如果有的话，这种学习方法又是什么样的呢？

我在美国的大学教授应用语言学，发现美国人的外语水平普遍不高。由于英语已经成为国际通用语言，普通美国人很少会遇到需要使用外语的情况。这是美国人外语水平低的最大原因。出于反恐情报分析的需求，美国政府曾拿出大量资金支持高水平外语人才培养方法的研究，但这些举措似乎并没有改善现状。据后来的新闻报道介绍，美国国务院的外语人才依然稀缺。

为何会如此呢？我认为是“外语学习”方面的研究不足导致的。早在20世纪90年代克林顿执政时期，美国便非常重视婴幼儿，尤其是婴儿的教育。美国政府召开了很多有关婴幼儿教育的专家研讨会，甚至在白宫也召开过。专家们结合前沿研究成果，就婴幼儿的教育方法展开了热烈的讨论。可惜，“外语学习”这一课题没有获得专家们的青睐，希望相关的专家学者也能针对外语学习展开更多科学研究。

研究外语学习势必离不开语言学和心理学，但这两个领域关于外语学习的研究并不充分，都没能完全揭示外语学习的机制。此外，这两个领域的研究目标是揭示外语学习的机制，如何高效地学习外语等实际应用方面的研究是次要的。

在这样的背景下，以“外语学习”这一现象为研究对象的研究领域逐步发展起来，这就是外语研究的新领域——第二语言习得（Second Language Acquisition，SLA，简称“二语习得”）。除了探求外语学习机制的理论外，寻找有效的外语学习方法也是这个领域的重要研究课题。

学母语与学外语有何不同

儿童的母语习得（第一语言习得）和成人的外语习得（第二语言习得）究竟有何不同呢？对于母语学习，我们几乎找不到学习失败的例子。但对于外语学习，很少有学习者能将外语学到母语水平。另外，在外语学习中，有的外语学习者能将外语学得不错，但也有外语学习者几乎一句外语都说不出口。虽然这听上去是理所当然的，但其实存在本质性的差异。对于母语学习，大家都能成功，即母语学习具有“同质性”。而对于外语学习，大家的学习结果却千差万别，即外语学习具有“多样性”。同样都是语言学习，二者之间为何会有如此大的差异呢？

母语与外语学习之间的差异，是因为学习者使用外语的机会比母语少吗？不。很多在美国生活了几十年，已经完全融入美国社会的人，即使他们每天都在工作、生活中使用英语，他们的英语水平仍然无法和英语母语者相提并论。第二语言习得研究领域颇有名气的日本人 Wes（化名）是一位艺术家，他住在夏威夷，已经完全融入了美国社会。他可以和美国人无障碍地沟通，但他的英语语法中还是会出现很多错误。这又是为什么呢？第二语言习得研究，目的就是从科学的角度解释外语学习中的各种问题。

第二语言习得实际上是一种非常复杂的现象。为了理解这一现象，我们需要从多个角度来考察。首先，第二语言习得的学习对象是“语言”，这个学习对象的体系非常复杂，我们需要借助语言学知识来研究它。其次，“学习”是一种认知活动，所以心理学和教育学的知识也必不可少。最后，语言与社会、文化密不可分，因此我们还需要借鉴社会学、文化人类学的观点。此外，语言学习和语言处理依靠的都是大脑，因此也有越来越多的研究人员从脑科学的角度研究第二语言习得。可见，“第二语言习得”是对“学习、使用语言”这项认知活动的跨学科研究。这个领域的研究者中，既有专门的“第二语言习得”专家，也有研究第二语言习得问题的心理学、语言学专家。

本书旨在用通俗的语言向大众介绍第二语言习得的研究成果。

虽然第二语言习得的复杂性导致很多问题尚不清楚，但当前积累的研究成果，依然可以就“什么样的外语学习方法最有效”“什么样的人更容易学好外语”等问题给出一些有用的答案。而且，将这些研究成果反馈给社会，我认为也是很重要的事情。

现在，第二语言习得研究领域也有了专门的学术期刊。代表期刊之一就是由剑桥大学出版社出版的《第二语言习得研究》（*Studies in Second Language Acquisition*），我也是该期刊的编委。虽然这本期刊创刊至今[①]只有30年，但在2006年学术期刊影响因子的排名中，该期刊在47种语言学期刊中名列第2位。

科学研究是否可行

我大学毕业后即进入日本的公立高中担任英语教师，那时候我使用的教学方法无非就是传统的中学英语教学法。教师先找一位同学读一段文章，接着教师再读，全班的学生再跟着教师读。然后，教师找学生逐句翻译读过的文章，指出哪里不对后再讲一遍正确的译文，并将自己认为重要的语法写在黑板上进行讲解。中学的英语教师会用这种方法讲解整本教科书。时至今日，这种名为“语法翻

① 本书的日文版出版于2008年。如今算来，这本期刊已有近半个世纪的历史了。——编者注

译法”的方法在外语教学中依然大行其道。

没有任何证据证明这种教学方法有效，我们也不知道这种方法能培养什么能力。为什么要让学生在理解课文内容之前先读一遍呢？不能在理解内容后再读课文吗？能不能不讲语法，只让学生听课文的录音，再检查他们是否理解课文呢？这些都是能够验证也必须验证的问题。这就是第二语言习得研究的思考方法——不依赖经验主义，用科学的方法去研究外语学习的过程和机制。第二语言习得的研究，会具体针对朗读课文这种学习方法的效果，也会比较“语法翻译法”和“以对话为中心的教学方法”之间的效果差异。

说到科学研究的重要性，我们可以看一看运动科学的例子。过去运动员的训练多依赖经验，但当下运动科学飞速发展，各种技术创新层出不穷。

例如，速比涛公司研发的“LZR Racer 泳衣”曾引发不小的争议。据说速比涛公司为了将水流阻力降到最低，还邀请了航空力学专家加入研发团队。

2004 年，日本代表团在雅典奥运会上取得了佳绩，时任国际奥委会主席的罗格曾说：“日本的竞技水平突飞猛进。”罗格在谈到日本竞技水平飞速提升的原因时说道：“我在访日期间曾参观过日本国家运动科学中心，该中心研发的新技术为其竞技水平的提升贡献了很大力量。”

从国家利益的角度看，对于靠贸易立国的日本，培养外语人才的重要性不亚于在奥运会上夺取金牌。掌握了前沿技术的日本中小企业不在少数，但“外语”却往往成为阻碍日本企业的产品走向世界的壁垒。所以，日本急需建立“国家外语学习科学中心”，可惜日本现在还没有类似的机构。

在各种实证研究的基础上，第二语言习得研究已经揭示出一部分外语习得的原理。在这些原理的指导下，我们需要在外语教学、学习中认真反思并加以实践。本书将以通俗易懂的形式，向各位读者介绍第二语言习得的研究成果。

本书的目的

本书将从两个角度介绍第二语言习得的研究成果。其一是学习者的角度。不论你正在学外语，还是想重拾已经遗忘的外语，又或者打算学习一门新的外语，都可以从学习者的角度阅读本书。大部分读者应该是英语学习者，不过韩语、汉语等其他外语语种的学习者也能从本书中找到感兴趣的内容。

其二是教育者的角度。外语教师或者将来有志于从事外语教学的读者，也能在本书中找到感兴趣的内容。本书所指的外语不仅是针对日本人的外语（英语、法语、汉语等），也包括外国人学习日语的情况。当然，本书也适合希望孩子能学好外语的家长阅读。

我在创作本书时，假定读者没有任何专业背景。不过，即使你以前对第二语言习得研究有所涉猎，这本书也能助你重新掌握第二语言习得研究的概况。因为我们经过四十余年的研究，已经掌握了很多第二语言习得的原理，其中会有你之前没有关注到的内容。此外，本书还会介绍学术界的最新研究成果，这将对相关研究者有所帮助。

本书的构成

本书的第 1 章探讨母语在外语学习中的作用。第 2 章探讨外语学习中的“临界期问题”，也就是为什么儿童能普遍学好外语，但成年人比较困难。第 3 章讨论什么样的外语学习者更容易成功，尤其是学习者的适应性、学习动机对外语学习效果的影响。第 4 章介绍关于第二语言习得机制的研究成果。第 5 章探讨有效的外语教学法和外语学习法。第 6 章介绍具体的外语学习方法和诀窍。

如今，学习外语已是非常普遍的事情。“每天十分钟，英语流利说”“不要‘学’英语，而要‘练’英语”等各种广告词充斥于生活空间的各处，这些铺天盖地的宣传让学习者不知所措。我甚至听说韩国的一些家长为了让孩子掌握纯正的英语发音，曾一度流行去给孩子的舌头做手术。那么，究竟该如何学外语呢？读者读完本书，就能了解至今为止外语学习方面的研究成果，也就可以更客观、科学地认识外语学习。如此一来，我们也就不会在各种外语学习的宣传中无所适从，自然也能找到更有效的外语学习和教学方法。

本书介绍的外语学习原理适用于所有语言的学习。因为第二语言习得研究的目标，是解释所有外语语种习得的原理。而且，近年来越来越多的研究者将目光投到非英语的第二语言习得领域。我曾统计过《第二语言习得研究》在2006年至2007年间刊登的所有论文，发现研究对象涉及多种语言，其中涉及英语的11篇、日语的8篇、西班牙语的6篇、法语的2篇，韩语、汉语方言中的粤语、葡萄牙语各1篇。不过，过去四十年间的研究还是以英语习得为主，而且日本人学习的外语也基本都是英语，所以本书列举的大部分是英语的例子，偶尔也会穿插几个日语的例子。

本书将第一语言和第二语言的学习统称为“语言习得”。虽然日语中将第一语言的情况特别称为“语言获得”，而把第二语言称为“语言习得”，但其实这两个词的英语都是language acquisition。“获得”暗含了“辛苦得到”的意思，但其实第二语言的学习会更加辛苦。所以，本书对两者皆用“习得”一词。

目 录

第 1 章
外语学习以母语为基础

语言距离与学习难度

我们经常听到这样一种说法——日本人学不好英语。这其中有多种原因，但日本人学英语的首要障碍就是英语和日语之间的距离。一般而言，学习者的母语和要学的外语越相似，也就是距离越近，那么学习的难度就越小。日语和英语所属语言体系不同，如果学习者的母语和英语同属印欧语系，那么其学习英语的难度会明显小于日本的学习者。我们将这种语言和语言的相似程度称为**语言距离**。

关于语言距离，我们可以看一个例子。比如，在日本说方言的人学习日语标准语[①]不会太费劲。虽然日本很多地区的方言和日语标准语（东京方言）差别很大，但由于语言的基础部分都相通，所以很多说方言的日本人，也能完全掌握东京方言。可以说，他们是方言的“双语者”。

现实中也有两国语言非常相似的情况，这时学习对方的语言就如同学习方言了。例如，葡萄牙语和西班牙语同属于罗曼语族（拉丁语族），两种语言的单词、语法十分相似，这两个国家的人即使不会对方的语言也能沟通。就像这样，当母语与要学的外语的距离

① 指以东京方言为基础，通行日本全国的语言。相当于中国的普通话。——译者注

较近时，外语的学习就会轻松很多。

说个题外话，其实“语言”和“方言”是无法做出科学的严格界定的。在同一语言内部，各种方言间的相似程度和差异程度，也没有绝对的判断标准。例如，只会说津轻[①]方言的人和只会说鹿儿岛[②]方言的人就很难沟通，只会说西班牙语的人和只会说葡萄牙语的人却可以交流。所以有时我们会见到方言之间难以交流，不同语言间却交流顺畅的情况。一门语言最终会演变成另一门语言还是方言，会受到很多因素的影响，其中政治因素往往起到决定性作用。最典型的例子就是南斯拉夫的官方语言塞尔维亚 - 克罗地亚语，在南斯拉夫解体后，变成了塞尔维亚语和克罗地亚语这两种语言。

回到正题，和日本人难以学好英语的道理一样，美国人学日语也不容易，但美国人学西班牙语、法语就轻松得多。根据美国国务院下属的外交官培养机构——美国外交学院（Foreign Service Institute）1985 年的一份资料显示，美国人熟练掌握日语所需的时间远超西班牙语（见下表）。

---

① 位于日本东北地区的青森县中西部。——译者注

② 位于日本九州岛最南部。——译者注

每周学习 30 小时，美国人达到各语言高级水平所需的总时间

44 周	阿姆哈拉语、阿拉伯语、孟加拉语、保加利亚语、缅甸语、汉语、捷克语、达里语、芬兰语、希腊语、希伯来语、印度语、匈牙利语、日语、韩语、老挝语、他加禄语、波兰语、俄语、塞尔维亚—克罗地亚语、泰语、土耳其语、乌尔都语
32 周	印尼语、马来语
24 周	南非荷兰语、丹麦语、荷兰语、挪威语、葡萄牙语、罗马尼亚语、斯瓦希里语、瑞典语
20 周	法语、德语、意大利语、西班牙语

（根据 T. Odlin, *Language Transfer*, p.39 编写）

当然上表只是根据教学经验得出的大致结论。2002 年，美国国防语言学院（Defense Language Institute）根据美国的英语母语者学习外语的难易程度，将外语分成 4 个等级。

美国的英语母语者学习外语的难易程度（等级 4 的难度最高）

等级 4：	阿拉伯语、汉语（普通话）、日语、韩语
等级 3：	希腊语、希伯来语、波斯语、波兰语、俄语、塞尔维亚语和克罗地亚语、他加禄语、泰语、土耳其语、乌克兰语、越南语
等级 2：	德语、罗马尼亚语
等级 1：	法语、意大利语、葡萄牙语、西班牙语

（摘自美国国防语言学院官方网站）

上述两表中列举的语言不完全相同，不太好进行比较。不过，我们还是能看到一些明显的差异。例如，德语和葡萄牙语在两表中的排序相反，希腊语、土耳其语和波兰语在前表中和日语同属一个等级，但在后表中又比日语简单。

虽然现在我们很难准确界定语言学习的难易度，但我们可以根据学习者的母语与所学外语之间的距离，对外语学习的难易度做出一定程度的预判。

日本人学习韩语是否会容易

韩剧的流行曾在日本掀起学习韩语的热潮。对于日本人来说，韩语确实很容易学。有关日语的起源众说纷纭，有学者认为日语属于阿尔泰语系，也有学者认为它属于南岛语系，还有学者认为日语是阿尔泰语系和南岛语系的混合。虽然日语的起源尚无定论，但有一点可以确定，那就是和日语最相似的语言是韩语，二者的语法非常相似。如此看来，日本人学韩语所花时间应该会少于学英语。另外，日语和汉语的发音、语法虽然不同，但日语中有很多汉字，很多日语词汇和汉语词汇类似，所以也有很多人认为日本人学习汉语很容易。但是很可惜，截至目前，没有任何实证研究能够证明日本人学习韩语、汉语更容易。

美国卡内基·梅隆大学的甲田庆子曾做过反向研究。这项研究将日语学习者按母语背景分成韩语、汉语和英语三组来分析。在日语学习的初级阶段，母语为英语的学习者就远远落后于母语为韩语和汉语的学习者。随着学习进入中高级阶段，这种差距逐渐增大。这项研究表明，母语和外语的距离确实会影响外语学习的难易度。

语言迁移现象

我们可以看到，母语会对外语学习产生影响。在第二语言习得的过程中，母语所产生的影响被称为**“语言迁移”**——学习者的母语知识储备会迁移至第二语言。这种现象可以在第二语言习得的全过程中观察到。从发音、单词到语法、文化，母语的影响会以多种不同的形式表现出来。

除了语言学习，迁移现象还会出现在我们学习其他技能的过程中。比如打棒球的人在开始学习高尔夫时，会有意识或无意识地摆出棒球的挥棒姿势（比如击打低球时的姿势）。

我曾在和日本同为靠左行驶的澳大利亚开了四个月的车，等回到靠右行驶的美国后，在开车左转时就曾开到逆向车道上，吓出了一身冷汗。英国也是靠左行驶，我的一位英国朋友在美国过马路时就被撞了，因为他在过马路前确认的是逆向车道没车。

由此可见，这种习惯行为迁移到相似行为的现象，在日常生活中可谓比比皆是。某些习惯行为甚至因为重复次数过多，从而完全变成了一种下意识的行为。

我们来看一个关于外语学习的例子。日语中没有 v 这个音，所以日本人在发英语的 v 时就用与之相近的 b 代替，将 over 读成 ober。最近，有人主张在日语中加入 v 这个音。比如赛马比赛中，从十多年前就允许将马的名字中的 v 用ヴ[①]表示。但是在说到 NEO Universe 这匹马时，没人会刻意用上齿轻触下唇去发出 v 的音，大家还是用 b 代替 v，读成 NEO Uniberse。

语法也一样，下面这种乱用过去式的错误，在日本人的英语中很常见。

> When he <u>came</u> back, I will talk to him.
> （等他回来，我会转告他。）

这句话说的是将来的事情，所以用过去式肯定不对（正确的应

① 发音和 v 相近。——译者注

该是 comes)，但日本人会下意识地将日语中惯用的“きた”[①]换成英语里的“came”。

当然，这种下意识的行为很难改变。当人要做出一个与已经掌握的行为相近的新行为时，势必会发生已掌握的知识和技能的迁移。这就是人脑学习行为的基本原则，语言这种行为也不例外。

好的迁移和坏的迁移

语言迁移未必都是坏事。前文中的两个例子，都是母语的影响导致了错误的外语表达，这种情况叫作“**负迁移**”或“**干涉**”。但是，英语和日语中还有很多近似的形式是可以直译的。例如，日语的过去式“た”大部分情况与英语的过去式相对应，所以学习者可以直接把日语的过去式替换为英语的过去式。这种情况就是语言的“**正迁移**”。由日语和英语之间的差异引发错误的情况，就是之前说过的负迁移。两种迁移的心理过程相同，只是结果有正负之分。迁移的结果究竟是正还是负，取决于学习者的母语和外语的对应情况。

前文提到，日本人认为学韩语相对比较容易，就是因为日语和

① きた为过去式的形式，但此句中不表示过去，表示假定。——译者注

韩语非常相似，带来很多正迁移的情况。这种情况下，很多句子可以直接互译，不用深究语法。换句话说，学习和母语近似的语言时，产生正迁移的情况远高于负迁移。

不仅语言是这样，人脑学习其他技能也存在这种倾向。我担任高中老师时，曾发现学校篮球队的学生经常被拉出去参加手球比赛。这是因为篮球和手球运动中有很多相似的姿势，就像日本人学韩语一样，也就是说正迁移的情况较多。但是，足球队的学生在手球比赛中就没有什么大作为了，这就像日本人学英语一样，正迁移的情况太少。

有意思的是，虽然篮球和手球之间正迁移较多，我却从来没听说过手球队的学生参加篮球比赛。这是为什么呢？原因是手球比赛中运动员可以带球走三步，但在篮球比赛中这是一种犯规行为。所以手球运动员去参加篮球比赛，他们的习惯行为很可能会造成犯规。这就是一种负迁移，而且是一种对比赛起决定性作用的负迁移。

篮球运动和手球运动之间的转换，究竟是会发生正迁移还是负迁移，取决于两者的规则系统的对应情况。学习外语时，母语规则和外语规则之间的具体对应情况，也决定了学习者受到的影响是正迁移还是负迁移。不过，只要是迁移，无论正负，其遵循的心理机制是相同的。

语言距离和语言迁移

如果母语和外语的距离较近，那么学习者通常会在学习过程中发现它们之间可以直译。第一语言（母语）和第二语言（外语）的距离越近，第一语言的影响就越大。当然，有的学习者在学习前就知道了两种语言间的距离，有的学习者则在开始学习后才发现。不过，学习者即使事先不知道日语和韩语相近，也能在开始学习后迅速发现这个特点，并最大限度发挥正迁移的作用。

但是，如果因为两种语言相似，产生了过强的迁移，那么对于两者存在差异的地方，反而会导致一些难以被纠正的错误。例如，一项研究就发现母语文字为字母的学习者，比母语文字为非字母的学习者更容易出现英语单词的拼写错误。

由以上内容可知母语对学习外语的影响有以下三点：

(1) 母语和外语的距离越近，越容易产生迁移现象；

(2) 母语和外语的距离较近时，语言迁移多为正迁移，整体而言有助于外语的学习；

(3)母语和外语因相似而产生过强正迁移时，对于母语和外语存在差异之处，反而会导致一些难以被纠正的错误。

第三语言的学习

掌握两门语言的学习者在学习第三门语言时，其第三语言的学习势必也会受到第一语言和第二语言的影响。这也是语言迁移现象，是已知语言对第三语言的迁移。例如，很多日本人从小学到高中学英语，到了大学还会学第三语言（也就是第二外语）。

说起来很有意思，很多日本人将“第二语言习得”误认为是学习英语后再学一门外语（如法语、西班牙语等）。这也从侧面说明，日本人已经将学习英语看作是理所当然的事情了。学术界还没有第三语言习得研究的划分，我们通常将学习母语以外的所有语言的习得都统称为“第二语言习得”。所以对于日本人来说，包括英语在内的所有外语的学习，都属于第二语言习得。

关于学习第三语言，我经历过一件有趣的事情。我在中国香港学粤语时，有一次我不知道怎么用粤语说“是”，结果脱口而出的是大学时学过后就忘得差不多的西班牙语中的“si”（意思为“是”）。也许因为我在使用不熟练的语言系统，所以大脑就会在与之相近的“抽屉”里寻找信息。实际上，这是一种语言学习中的常见现象。

一位美国学生曾向我说，他学了法语后再学日语，会在说日语时不由自主地说出法语。为什么脱口而出的不是母语的英语，而是法语呢？这个有趣的现象，可以用最近的一项脑科学研究解释。这项研究主要观察外语学习者使用外语时大脑的活动模式。研究发现，大脑在处理外语时的活动模式，是否与处理母语时的活动模式相似，取决于学习者外语的熟练程度。也就是说，大脑只有在处理熟练度很高的外语时，才会和处理母语时的机制相似。对于不太熟练的外语，大脑的处理方式都不会类似于母语，并且会对这些语种产生混淆。

存在普遍的习得顺序吗？

如前文所述，外语学习是以母语为基础的。在 20 世纪 50 年代至 60 年代，有观点认为外语学习者所犯的错误全部来自母语的干涉。本书第 5 章在介绍第二语言习得研究的历史时还会介绍这个观点。但是，到 20 世纪 70 年代，有研究证明母语对外语学习的影响力没有我们想象的那么大。以这一研究结果为基础，一种极端的观点逐渐形成。该观点认为，所有外语的语法形式的习得顺序都具有普遍规律，所有学习者的学习路径相同，与母语无关。这一主张是研究者在研究了英语的冠词、复数、过去式等语法的习得顺序后得到的，认为“任何母语背景的外语学习者，其英语语法习得的顺序都相同”。此后，这一观点的影响力逐渐扩大。

这一观点认为，学习者在学习英语时都会先学会复数 s，而掌握表示所属关系的’s 的时间则要晚很多。美国南加州大学的斯蒂芬·克拉申（Stephen Krashen）教授认为这个顺序就是普遍顺序之一，并将其命名为“**自然顺序**”。

但现实生活中有很多不符合这个普遍顺序的案例。目前学术界已有很多关于日本人学习英语语法的研究，仔细翻阅这些研究成果就能发现，几乎没有日本学习者的英语习得顺序符合“自然顺序”。大部分日本人遵循的是“所有格’s →复数 s”的顺序。按照克拉申教授的自然顺序理论，英语中的冠词是第二容易的，但实际上日本人却要花费很长时间才能掌握英语的冠词。

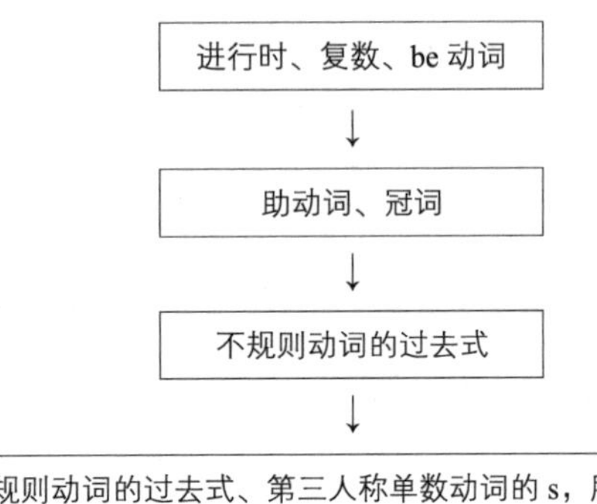

克拉申提出的“自然顺序”

这也符合我们的直观感受。日语中没有复数形式，所以日本的学习者会觉得给每个英语名词加 s 是一件非常麻烦的事情。但所有格’s 与日语的用法相似，日本人就觉得很好理解。例如“健のペン”（小健的笔）就是 Ken’s pen，直译即可。

冠词也是让日本人头疼的一个语法难点。英语母语者在交流中使用任何名词时，都要判断该名词对于对方来说是否是已知信息，而且名词前是否需要冠词、该用哪个冠词，还要根据名词是否为可数名词而定。甚至有的名词既能作为可数名词（I bought a piano），又能作为不可数名词（I studied piano in college）。英语母语者自小便成千上万遍地重复这些复杂的语法知识点，不用思考就能脱口而出（其实日语中也有很多日本人能脱口而出，但外国人很头疼的知识点，例如助词は、が、を）。

如今，不少欧美国家使用的第二语言习得的教科书中，仍在强调语法的普遍习得顺序，但实际上习得顺序的重要影响因素是母语的迁移。

母语的影响体现在哪？

母语对外语学习的影响（语言迁移）并非一直存在，有的情况下母语的影响容易出现，而有的情况下则不易出现。20 世纪 70 年代，对第二语言习得的普遍性的研究吸引了众多研究者的目光，同时也在一定程度上冲淡了研究者对语言迁移的研究热情。但从 20 世纪 70 年代末期起，母语的影响的相关研究再次受到学术界的关注。从那时起，语言迁移研究的中心课题已经变为推测“语言迁移的发生条件”，即什么情况下容易出现母语的迁移，什么情况下不容易出现。

关于语言迁移的发生条件的研究，研究者已经取得了一些成果。例如从学习环境的角度来看，在以“语法翻译法”为中心的教学活动中，语言迁移现象较易出现；而在纯外语交流的教学活动中，语言迁移现象则不易出现。

因重视口语而产生的问题

在语言迁移的研究中，有一点是不容忽视的，即如果强行让学习者开口说外语也很容易产生语言迁移现象。在学习者的外语水平不高的情况下，强迫学习者开口说外语会导致他完全依赖母语，即在母语的语法结构中填入外语的单词，最终说出来的是奇怪、不自然的外语。长此以往，学习者记住的可能都是错误的外语表达。所以，在外语知识储备不足时积极开口说外语，很可能会导致学习者无法准确地掌握外语。

例如，有相当一部分日本人虽然英语口语非常流畅，但还是会脱口而出“How do you think (about it)”，因为他们将日语中的“どう思いますか”（你怎么想）直译成了英语。我大一时也经常说“How do you think”，直到被朋友指出正确说法应该是“What do you think”。但由于我已经习惯了错误的说法，所以在相当长的一段时间里我还是会脱口而出“How do you think”。为了纠正这个错误，我花费了不少精力。造成这种情况的原因，就是学习者在掌握正确的表达前将直译过来的句子拿去使用，从而导致错误的表达在大脑中固定了下来。当然，敢开口说蹩脚的外语也比不敢开口好，所以大家读到这里也没有必要放弃口语的练习。对于外语学习者而言，只要平衡好输入（听、读）和输出（说、写）之间的关系，就可以解决这个问题。

典型性和语言迁移

语言迁移现象发生的另一个影响因素是“典型性”。荷兰奈梅亨大学的埃里克·凯勒曼（Eric Kellerman）是这个研究领域的领跑者，他通过一系列研究来观察语言迁移的条件，发现语言中典型性的作用至关重要。读者朋友们可以把自己想象成实验对象，然后看下页的例句，来判断 A 框中的三句英语（后附译文）是否正确。

荷兰语中的动词 breken 相当于英语中的 break，它和 break 相同，可以在很多语境下使用。A 框中的三个例句的情况，对于荷兰语也都适用。凯勒曼询问荷兰的英语学习者这三句话能否用英语直译。这三个例句实际上都是可以直译的，但调查结果发现绝大多数被调查者认为可以用英语直译 (1) break a cup，但认为不能用英语直译 (2) break the record 和 (3) break the tradition。

A

(1) She broke a cup. （她打破了杯子。）
(2) She broke the record. （她打破了纪录。）
(3) She broke the tradition. （她打破了传统。）

荷兰语和英语的对应关系与日语和英语的对应关系稍有不同，所以这里我想举一个日语的例子。日语中的“置く”（放）译成英语是 put，那么 B 框中三句话的英译正确吗？

B

(4) 机の上に本を置く（把书放在桌上）。 Put a book on the table.
(5) 文法に重点を置く（把重点放在语法上）。 Put emphasis on grammar.
(6) 自分を相手の立場に置く（把自己放在对方的立场上）。 Put yourself in another’s position.

可能很多人能凭直觉判断 (4) 是正确的，但无法判断 (5) 和 (6) 正确与否（也确实有研究与这个结果一致）。

这种现象的产生和语言的“**典型性**”有关。break a cup 是 break 最典型、最基本的用法，而 break the record 则是非典型用法。人类的直觉能够判断出某一领域中的典型性内容和非典型性内容。凯勒曼的研究认为，人们对母语与外语之间的关系有如下判断：母语中典型性的用法可以直译成外语，而非典型性的用法不能直译成外语。

这个原则不仅体现在单词上，在语法上也有所体现。

C 框中两句话的意思相似（这个行李箱很好搬）。但是很多学习者会直观地认为 (7) 比 (8) 更典型，可以将其直译成第二语言。

C

(7) It is easy to carry this suitcase.
(8) This suitcase is easy to carry.

不过，这类调查一般采用的都是纸质形式，被调查者拥有充分的思考时间来做判断，所以在语言的实际使用过程中是否会出现相同结果，暂时还无从得知。虽然美国的日语学习者中就有人将母语中的“Give me a break”（你饶了我吧）直译成了日语的“休みをください”（请给我一个“休息”），但典型性原则是否适用于日常对话仍待研究。其实我们在说外语时往往无法立刻说出正确的表达，很多时候都要依赖母语来进行直译。

这一点和前文所说的“在外语知识储备不足时积极开口说外语，很可能会导致学习者无法准确地掌握外语”存在关联。如果学习者胡乱地用母语逐字翻译外语句子，虽然也有可能得到正确的句子，但更多的情况下得到的是蹩脚、错误的外语表达。所以在外语水平还不高时，尤其要注意外语学习中“说”和“写”的规范性。

发音和母语的干涉

在外语的发音上，母语的干涉非常强大。我们甚至可以从学习者的外语发音特点来推测其母语是什么。例如，虽然我们很难从外貌区分居住在美国的中国人和韩国人，但听他们的英语发音，尤其是语调往往就能迅速做出判断。

日本人无法分辨英语中 l 和 r 的发音，这也是受母语的影响，因为日语中不区分 l 和 r 的发音。曾经有位日本政治家在美国把 election（选举）说成了 erection（erection 的意思难登大雅之堂，不知道的读者可以自己查一查），引发了听众抗议。这两个单词不仅在发音时难以区分，听的时候也很容易混淆。语言学的研究者都知道日本人分辨不了 l 和 r，因此衍生了很多相关研究。除了关于日本人无法辨别 light 和 right 的研究，还有关于通过训练提升日本人对这两个字母发音的分辨能力的研究。

不过这种训练实验多在实验室中进行，不关注单词意思只看发音，所以这种训练究竟能带来多大的实效还不得而知。初中英语课上，老师就已经教过 l 和 r 的发音方法，所以学习者只要知道这个知识点，在发音时稍加注意也能区分出来，难的是如何在实际的英语对话中做出区分。

有一次我在美国和朋友开车外出，我坐在副驾驶上负责看导航。具体细节我也记不太清了，只记得朋友在驾驶过程中突然右转。我问他怎么了，他说你刚刚不是说 right（右转）吗？但我想说的明明是 light（信号灯）！区分 l 和 r 的发音训练在这种需要传达意思的对话中是否也有效，是今后有待研究的一个课题。

文化也会迁移吗？

语言和文化，以及语言和思维方式的关系是经久不衰的话题，也是语言学和心理学近些年的重点研究课题。具体到外语学习领域，学习者的国家的文化也会影响外语学习。例如，日本自古以谦让为美德，所以日本人在受到赞扬时多会否定对方的夸奖："哪里，您过奖了。"但在其他文化背景下这样的回答可能会显得有些奇怪。例如，美国人就会欣然地接受对方的称赞，回答对方"Thanks"或"Thank you"（谢谢）。

反过来，学习日语的外国人被别人夸奖后若不谦虚否定的话，很有可能被日本人误解为“狂妄自大”。听到日本人夸你说：“你的日语说得真好！”这时最好的回答应该是：“哪里，我还差得远呢。”不过这倒不是绝对标准，最近很多日本年轻人在得到赞扬时也会说“谢谢”了。

这类根植于文化背景的语言迁移现象，就叫作“**语用迁移**”或“**社会语言学迁移**”。这个方向的研究非常多。很多研究者围绕“道歉”“拒绝”“请求”“赞扬”等语言行动（专业术语叫作“**发话行为**”）的习得情况展开研究。目前的研究结论认为，文化知识也会出现大幅迁移，而且学习者很难掌握这些文化知识，需要有意识地主动学习。例如，大部分日本人不知道英语里不能直接去否定对方的夸奖，所以需要英语教师讲授这个知识点。

不过也有反对的声音质疑讲授文化知识的必要性，因为这有可能导致对象国文化的强行灌输。这种观点也需要引起我们的关注。

我曾经听说，一位美国女性认为日语中的敬语涉嫌歧视女性，所以拒绝使用敬语。如果是在知道不使用敬语的缺点后依然坚持不用敬语，那自然没有问题。但是，若对敬语知识一无所知，仅站在本国的语言文化立场上拒绝使用敬语，那么就很成问题了。针对这种因无知而犯错的情况，就需要老师先讲解敬语知识，再让学生自己决定是否使用敬语。

如果是语法或发音出错，人们只会觉得这个人的外语还不是很好。但是，如果学习者的单词、语法和发音都很完美，却因为文化知识的迁移导致一些偏离对象国文化规范的行为，就很可能遭人厌恶。而且，日常生活中很少有人会指出外语学习者的这些问题，所以学习者自己往往意识不到。虽然只要母语者宽容地对待外语学习者就能解决这类问题，但外语教师还是有义务教授这些知识，以免学习者陷入尴尬的境地。

文化、思维和语言的关联

很多日语的学习者会觉得，日语中的一些自动词很难理解。

お金がかばんに入っている。（包里有钱。日语直译为：钱进了包里。）

財布がみつかった。（钱包找到了。）

ビールは冷えている。（啤酒冰好了。）

这三句日语用的都是自动词，但在很多语言里这三个动作无法用自动词表现。虽然日本人对这种表达已经司空见惯，但仔细想想确实很奇怪。这样的表述会让很多外国人觉得钱是自己跑到包里的，啤酒是自己冰镇好的。所以很多日语中级水平的外国人会把这三句话译成下面这样。

お金がかばんに入れられている。（钱被放进了包里。）

財布がみつけられた。（钱包被找到了。）

ビールは冷やされている。（啤酒被冰好了。）

这种使用了被动态的译法也不算错，但不是地道的日语，或者说偏离了原意。附近修建了公寓，常见的日语说法是“たちました（建了很多公寓）”，但一位日语很不错的美国人说：“このあたりに、アパートがたくさん立てられましたね（这附近被建了很多公寓）。”仔细想想的话，公寓确实不会自己建起来啊。

日语广为人知的特点之一就是不明确说明动作的主体，这种主语的模糊性导致日语自动词格外发达，因为自动词无须涉及动作的主体。日语中的自动词翻译成英语时多要使用被动态，但英语的被动态中会用单词 by 提示动作主体（有时也可以不提示），所以被动态与自动词相比或多或少地包含了动作主体。而若使用他动词，句子开头就会出现动作的主体。

他动词	被动态	自动词
(A) He opened the door.	The door was opened.	The door opened.
彼はドアを開けた。	ドアが開けられた。	ドアが開いた。
（他打开了门。）	〔门（被）开了。〕	（门开了。）
(B) He found the wallet.	The wallet was found.	?? The wallet find.
彼は財布をみつけた。	財布がみつけられた。	財布がみつかった。
（他找到了钱包。）	〔钱包（被）找到了。〕	（钱包找到了。）

英语中也有不及物动词，所以上表 (A) 例中的三句英语同样正确。但是日语中像 (B) 例那样，在逻辑上不应该用自动词的内容，在实际中却使用自动词来表示的情况非常多。

日语学习者觉得这类知识点很难理解，原因不在学习者的母语里没有相应表达，而在于日语这种语言的描述角度较为特殊。日语倾向省略动作主语，将动作看成物体的自发动作。但外国的日语学习者很难理解这种语言特点（毕竟钱包不会自己找到自己）。

日美贸易谈判中，经常有美国人误以为日本人连责任方是谁都不知道，其实这也与上文所说的语言特点有关。日语总会在无意识间省略动作主体，所以若把日语直接翻译成英语，就会导致英语表达模糊不清。这种误解的根源在于文化背景的差异。

有人说在“省略主语”方面，没有语言能和日语争第一。我有位日语非常好的中国香港的朋友，他告诉我，日本人弄坏了他的电视机后说了句：“ごめん、テレビが壊れちゃった（对不起，电视机坏了）。”这让他有点不高兴。因为“壊れちゃった”（坏了）这种表达在日语里没有什么不妥，但在我这位朋友看来却有逃避责任之嫌。这么看，汉语方言中的粤语，应该比日语更接近英语，其主语更明确。

日语为什么会呈现出这种“省略主语”的倾向呢？原因很复杂，或许是受到了日本人喜欢事物自然发生的文化背景的影响吧。总而言之，语言、思维方式、文化之间的紧密联系会成为外语学习的障碍，这是一个非常有趣的现象。从这方面来看，学习一门外语，可能会改变人们理解世界的角度。

第 2 章

儿童为什么能成功习得语言

——关于“临界期假说”的思考

成功的外语学习者有什么特征？

前言中曾提过，儿童的母语学习（第一语言习得）几乎都能成功，而成人的外语学习（第二语言习得）却多以失败告终。但是，即使外语学习失败了，每个人的情况也各不相同。什么样的学习者能够在第二语言习得上取得成功呢？这是一个非常有意思的研究课题。从很多外语教师的教学经验来看，既有可以在短时间内高效学好外语的学生，也有费了九牛二虎之力进步却微乎其微的学生。

因此，有研究者研究了影响外语学习成败的各种因素，结果发现预测学习者能否成功掌握一门外语的重要因素有以下三个。

1. 开始学习的年龄

2. 外语学习适应性

3. 学习动机

我将在下一章详细解释第 2 点和第 3 点，本章先来探讨第 1 点，即年龄和外语学习之间的关系。

临界期假说——过了青春期就学不好外语了吗？

年龄影响外语习得的成败，这已经是第二语言习得研究领域的定论。这种观点认为，开始学习外语的年龄，会极大地影响外语学习成功的概率。最广为人知的“**临界期假说**”认为，外语学习中存在年龄上的临界期，即学习者一旦在年龄上超过某个特定时期，就无法在外语学习上取得成功。这里的临界期指的是青春期初期（十二三岁），一旦超过这个时期，学习者的外语水平就无法达到该门外语的母语者的语言水平。日本教育界人士呼吁在小学教育阶段开设英语课程，其理论依据就是这个假说。

实际上，年龄确实是制约外语学习的强力因素。成人几乎不可能把外语学到母语的程度。但是，若从小就学习外语，很多儿童可以说一口地道流利的外语。这也是为什么很多驻外工作人员和配偶在国外多年英语水平没多少长进，但孩子的英语水平却突飞猛进。

不过，我希望大家注意一点。虽然研究者普遍认为第二语言习得的成败和年龄有关，但是在“临界期是否存在”“若存在应该是几岁”等问题上仍然存在分歧，后文会详细介绍这部分内容。

成人和儿童哪里不同？

我们常说“儿童都是语言的天才”。把一个孩子放到英语培训班，没过多久他的发音可能就会超过自己的妈妈，所以很多人认为

“学外语越早越好”。

但在 20 世纪 70 年代后期，有研究者仔细分析了过往的研究成果后发现了一个规律——成人学得更快，但孩子学得更好（Older is faster, Younger is better）。成人发达的认知能力能帮助他们在短期内快速掌握外语知识。但几年以后，与成人学习者相比，那些从小开始学习的学习者的外语水平会更接近外语的母语者。

另外，外语学习中每个领域的临界期也存在差异，不能以“外语”一词来笼统概括。有观点认为发音的临界期是六岁，而语法方面则需要进一步细分，例如动词的活用形的临界期要早于语序等综合语法知识的临界期。

临界期假说的争论点

目前，学术界在第二语言习得的成败与年龄有关的问题上意见统一，但对是否存在临界期依然存在很大分歧。而且，因为这一问题涉及人类认知能力的本质，所以临界期假说的赞成派和反对派形成了长期对立。要想全面了解这个问题，就应该听取双方的观点。2007 年 4 月，美国《新闻周刊》日本版曾做过一期特辑，主题为“英语口语的科学”。但这期特辑只刊登了反对派的观点，未免有失公允。

两派的第一个争论点是，学习者的学习能力是超过十二三岁后就迅速下降，还是并没有一个明确的临界期，只是随着年龄的增加而逐渐下降。还有研究人员认为临界期应由十二三岁推迟到十五六岁。

第二个争论点是，为何年龄对外语学习的影响力这么大？在这个问题上，两派各持己见，观点难以统一。下面我们来详细看一下这个争论点。

首先，我们来看一看脑科学方面的解释。人脑结构在特定年龄之前会一直变化，在这个特定年龄之后，人脑学习第二语言的能力就会减退。通俗点说就是，人脑的适应能力会在特定年龄后逐渐减弱。举个母语的例子，人脑在遭受严重损伤后有可能引发语言障碍，这种情况下儿童可以使用大脑中未受伤的部分来承担语言功能，从而恢复语言能力。但同样的情况下，成人却很难恢复语言能力，因为成人的大脑已经丧失了学习语言的适应性和可塑性。

其次，我们可以从认知科学的角度来研究这个问题。认知科学观点认为：“成人已经具备抽象分析能力，所以难以自然而然地习得另一门语言。但儿童不会进行各种细致分析，所以可以像学母语一样自然而然地习得外语。”本书第 4 章还会详细介绍这个观点，该观点认为，语言学习的过程基本上是通过理解“输入”内容，最终在无意识中习得语言，所以分析性的思考反而让学习效果减半。

最后，我们也可以从心理学的角度来考察这个问题。儿童还没有形成完整的自我意识，所以可以自然轻松地和外国人交流。但成人的自我意识完整，很难融入新的外语环境。儿童和成人面对外语学习的心理差异，会让他们的学习环境有所不同。

母语过滤器

最近，有一种观点得到了学术界的普遍认同。这种观点认为我们在习得母语后，便不得不使用母语作为“过滤器”来处理外语。举个例子，日语中没有冠词，所以日语母语者学习英语、法语等有冠词的语言时，即使听到冠词也不会特别留意。有时我重新播放一段刚刚听到的英语时会突然意识到：“啊，原来这里还有个冠词啊！”

语音方面也一样。对于日语母语者而言，l 和 r 的发音听上去是相同的，二者很难区分，这也成了单词记忆中的一大障碍。前些天，我和一位美国人说：“这件事你去问问凯瑟琳吧。”对方问我：“是 Kathryn 还是 Kathleen ？”我一时语塞，也分不清到底是哪个了。因为我们在从小习得母语的过程中，就忽视了那些对于母语而言不重要的语音差异。当然，人脑在学习母语时忽视这些没有意义的语音，无疑能提高学习效率。

也就是说，母语者早已建立了高效处理（听、读）母语的语言系统，在处理第二语言的过程中，母语就会自动成为“过滤器”，最终导致学习者无法正确全面地掌握外语。儿童大脑中母语过滤的程度较低，所以也更适合学习第二语言。

此外，还有很多其他观点试图解释年龄影响外语学习效果的原因，不过目前没有确定的答案，上文列举的观点都有其合理性。下文我将围绕“心理差异”和“母语过滤器”这两个观点介绍一些具体的研究成果。

年龄、外语学习、学习环境

对于学习者开始学习外语的年龄与学习效果之间的相关性，没有任何研究者否认。但是对于这种相关性究竟如何体现，研究者之间存在很大分歧。在实际研究过程中，我们很难通过控制实验对象的年龄来观察其对学习效果的影响，所以我们无法得知在实际生活中开始学习外语的年龄是否影响学习效果。临界期是否是一种生物学层面上的“发育计划表”呢？无论是在理论上还是在应用上，这都是一个非常有意思的课题。

迄今为止的大部分研究，多是调查移民抵达外语环境时的年龄和其外语最终水平之间的关系。对于这些年龄各异的被调查者，在抵达外语环境后是如何在长期的实际生活过程中掌握第二语言的，研究者无从得知。

美国纽约市立大学的陈鲁（Gisela Jia）等人从 2003 年开始，针对从中国赴美的 10 名汉语母语者的英语学习情况，展开了为期三年的跟踪调查。这 10 人抵达美国时，最小的 5 岁，最大的 16 岁。陈鲁希望通过这一调查寻找年龄导致的学习行为以及学习效果的差异。

调查中的第一个问题，是问这些学习者更喜欢说英语还是汉语。抵达美国三个月时所有人的回答都是汉语，但是十二个月后，赴美年龄小（5 岁 ~ 8 岁）的孩子的回答变成了英语，而赴美年龄大（12 岁 ~ 16 岁）的孩子回答的依然是汉语，年龄位于中间的两个 9 岁的孩子的回答是两种语言差不多。

这个结果似乎可以说明年龄决定一切，但实际未必如此，因为不同年龄学习者的行为模式不同。例如，赴美年龄较小的孩子周围说英语的朋友多，他们平日看的是《蝙蝠侠》《超能战士》《精灵宝可梦》，和同龄的美国孩子没什么区别。但是 12 岁以后来美国的孩子周围都是说汉语的朋友，看的也是中国的新闻和电影。所以，喜欢说汉语还是英语，与适应美国社会的程度以及有没有结交说英语的朋友是有关系的。

(a) 开始学习的年龄→学习效果 (b) 开始学习的年龄→学习环境→学习效果

（→表示产生影响）

如此看来，与其说是年龄决定外语学习的成败（上图中的 (a)），不如说是年龄只是改变了第二语言习得的环境，而环境才是决定学习效果的根本原因（上图中的 (b)）。关于开始学习的年龄对第二语言习得效果的影响的研究，多在说这门外语的国家（基本都是美国）展开，所以我们并不能确定究竟是年龄决定了学习效果，还是年龄决定了学习环境，而环境进而决定了学习效果。

人种的影响与临界期假说

另外，陈鲁等人曾在 2002 年发表的一篇论文中提出了“不同人种的外语学习临界期也不同”的观点，并提供了相关数据。1989年，约翰逊（Johnson）和纽波特（Newport）发表的论文证明了临界期的存在。陈鲁也采用了和他们类似的调查方法。她调查每个学习者的赴美年龄和英语水平间的关系，并将调查对象分成欧洲组（母语多为俄语）和亚洲组〔母语为汉语（北京话、粤语）、韩语〕进行观察比较。调查结果发现，欧洲组学习者的年龄差异对外语学习的影响不具有显著性差异，但亚洲组学习者的年龄差异对外语学习的影响具有显著性差异（“显著性差异”为统计学用语。判断两组比较产生的差异是偶然出现还是具有统计学意义，若有统计学意义则称为有显著性差异，后文还会多次出现这个词）。

有意思的是，1989年约翰逊和纽波特的调查对象都是中国人和韩国人，也就是说在亚洲学习者中，年龄因素的影响巨大。当然也有一些以欧洲学习者为对象的研究，显示出年龄差异对外语学习的影响具有显著性差异。但在同一个研究的同一项对比测试中，却只有亚洲学习者的年龄差异对外语学习的影响具有显著性差异。这一结果确实很有意思。

中国人、韩国人（日本人也一样）到美国后，在很多意义上都无法适应美国社会。大部分人的社交圈都是亚裔朋友，而非美国人。陈鲁的研究表明，被调查者的年龄越大，这种倾向越明显。而俄罗斯人与美国白人在外表上没有差异，所以即使他们年龄较大，也很容易与美国人产生亲近感，进而产生交流。可见，外貌在人际交往上也发挥了重要作用。这么看来，除了年龄，人种也会影响学习者的心理，进而影响学习环境。

遗憾的是，现今关于第二语言习得效果和人种之间的关系的研究，还未形成完整的体系，大部分研究仅局限于案例分析。人种很可能是影响第二语言习得效果的重要因素。因为如果临界期的影响源自人脑，那么全人类都应该受到临界期的影响，但这就无法解释为何年龄因素只影响亚洲人的外语学习效果，却对欧洲人的影响不明显。陈鲁的研究结果显示，在语言习得和年龄的关系上，环境因素发挥了更大的作用。这也就意味着，先天的大脑结构可能并没有我们想象的那么重要。

外语环境与年龄的影响力

前文提到，在以某种语言为母语的环境下进行这类调查时，很难判断决定学习效果的究竟是开始学习的年龄还是学习环境。所以，在不说这种语言的“外语环境”中调查开始学习的年龄对学习效果的影响，对于检验临界期假说十分重要。例如，要考察学习者的英语学习效果，就要在日本等一些不说英语的环境下进行，而不是在英国、美国等英语国家。可惜这类调查开展得不多。下文介绍的是在中国的台湾大学开展的一项调查。

这项调查的方法是对心理学专业的大学生进行英语单词（例如 light 和 right 等发音类似的单词）的听力测试，并在测试后口头调查学生的英语学习经历（例如开始学英语的年龄），以此找出影响学生听力水平的因素。

实验 1 中由于测试题目过于简单（平均分在 90 分以上），被调查者之间没有拉开差距。初中之前就开始系统学英语的学生和初中之后开始学英语的学生间的成绩不具备显著性差异（不过，对比开始学英文字母的年龄发现，初中之前开始学习英文字母的学生和初中之后学的学生之间产生了显著性差异，前者听力水平更高）。

为了增加题目难度，实验 2 播放的音频中增加了白噪声（杂音）。结果这轮测试的平均分降到了 80 分。初中之前学习英语的学生与初中之后学习英语的学生之间的显著性差异增大，前者成绩更好。

当然，这类在外语环境下的第二语言习得研究，也无法“完全”排除其他因素。例如，学习者初中之前是否学英语的决定权在父母手中，所以家庭环境在某种程度上决定了孩子的英语环境。通常情况下，孩子越早开始学英语也就说明家长对英语的兴趣越高，所以每个孩子对英语的兴趣、热情并不均等。但与在美国进行的英语习得调查相比，这类外语环境下可控的要素更多，所以今后我们需要更多地在这类外语环境下进行外语习得的调查研究。

母语习得加大了外语习得的难度

前文提到的母语过滤器是增加成人外语习得难度的原因之一，为了进一步说明这个观点，下面我将介绍美国华盛顿大学的帕特里夏·库尔（Patricia Kuhl）研究小组所做的一项研究。

婴儿可以分辨世界各国语言中的所有语音。例如，日本的婴儿在出生后的前几个月里能够分辨 l 和 r，但是在六个月到一岁期间这种能力飞速下降。这是因为他们的大脑学会了去忽视母语（本例中为日语）中那些不用去区分的语音差异。

可能有人会质疑：“婴儿还不会说话，库尔是如何获取他们的数据的呢?”其实研究者发明了很多实验技巧，最近常用的就是“转头法”。例如，让日本的婴儿听“ra、ra、ra、ra”的语音，中途再换成“la、la、la、la”，并同时掏出玩具。经过一段时间的训练后，婴儿意识到语音变化时就会有玩具。语音一旦发生变化，婴儿就会在玩具出现“前”将头转向玩具的方向，这就是“转头法”。但是婴儿一旦系统地习得日语发音后，他们就再也听不出这种差异，一岁左右的婴儿就已经无法分辨 ra 和 la，他们只有在玩具出现“后”才会转头。

现在网上也能观看这项转头实验，大家可以在 YouTube 上搜索“Patricia Kuhl”。虽然 YouTube 这样的公共网站随时都有可能删掉视频，不过这类视频一般不会被删除。

库尔等人曾经的一项研究还表明，婴儿高超的语音识别能力并非人类独有，毛丝鼠也有这种能力。

此外，库尔研究小组还发现，婴儿出生七个月时，识别母语中存在的语音的能力与识别母语中不存在的语音的能力呈负相关，即反比——随着学到的母语数量增多，婴儿分辨外语语音的能力逐渐减弱。虽然无法分辨外语语音听上去不是好事情，但换个角度想，忽视母语中不重要的内容不正是一种高效的语言处理能力吗？此外，库尔研究小组的研究还表明，越早掌握这种能力的婴儿，其语言方面的其他能力（词汇、语法）的发育时间也越早。

从小接触外语能逆转这种局势吗？

如果婴儿从小接触外语语音，那么能否恢复因为学习母语而丧失的外语语音识别能力呢？库尔等人在2003年又开展了另一项研究（本章介绍的是实验1，实验2将在第4章介绍）。研究者分别用汉语和英语给两组九个月大的美国婴儿朗读绘本并和他们玩玩具，每次进行25分钟，持续4周、共12次（总计5小时）。结果发现，听汉语的美国婴儿能够分辨出英语中没有的汉语语音（塞擦音和破擦音），这项实验里采用的也是“转头法”。

听汉语的美国婴儿经过5小时的训练后，他们的汉语语音识别能力就达到了中国婴儿的水平。而听英语的婴儿和没有参加这项实验的普通美国婴儿的测试结果相同，这也符合研究人员实验前的预判。

如果人类在出生六个月到一岁之间就会逐渐丧失识别非母语语音的能力，那么第二语言习得的临界期就可能不是十二三岁，也不是某些研究者提出的六岁，而很有可能是一岁，或者出生六个月到十二个月期间的某个时间。库尔等人的研究发现，九个月大的婴儿依然能逆转这种局势。随着这项研究的年龄范围不断扩展至一岁半、两岁、四岁，我们对语音习得临界期的理解势必得到进一步加深。

母语习得在提高母语处理效率的同时也会降低外语处理能力，这个结果从侧面证明了第二语言习得的临界期很可能源于母语习得。

“英语育儿”会影响母语水平吗？

最近很流行从婴儿时期就给孩子听英语，创造英语环境的英语育儿法。不过这种方法会不会影响母语习得呢？比如前文实验中的婴儿，在分 12 次听了共计 5 小时汉语后，他们的英语听力水平有没有降低？

实验得出的答案如下：听了汉语的美国婴儿和听了英语的美国婴儿在辨别英语语音（ra 和 la）上没有出现差异。可见这种育儿法不会对母语习得产生负面影响。其实稍微动动脑筋也能明白，一直生长在英语环境里的婴儿，怎么可能因为听了 5 小时汉语就影响了英语水平呢？但这些婴儿只花费 5 个小时就能分辨汉语语音，也从侧面表明了婴儿强大的语音习得能力。总而言之，只要婴幼儿生长在可以充分接触母语的环境中，就无须担心外语教育会影响其母语水平。

但是，在这里我还需要提醒各位读者一点，有的家长为了提高孩子的外语水平送孩子去国际学校上学。孩子学得好的话可以熟练使用双语，但是也有一些孩子会因为无法融入国际学校，或者不适应外语教学而成绩下滑，最终导致用母语、外语都难以进行复杂的语言表达（例如学校教学中的语言表达），所以家长需要时刻关注孩子的情况。

同时习得两门母语——“双语者”之路

库尔等人的研究表明，出生九个月的幼儿可以在短时间内习得外语中的语音。除此之外还有很多研究和案例表明，幼儿往往具备天生的外语习得能力，有些人从小便能习得两种语言，并且流利地使用两种语言，成为“双语者”。

我们身边最常见的“双语者”就是“海归子女”。他们中的大多数从小就生活在国外，并在那段时期掌握了外语。例如日本歌手宇多田光，再早一点的早见优、西田光都可以说流利的英语和日语，而且他们的英语水平接近母语者，非常自然。

提到英语好的日本艺人，有的读者可能还会想到渡边谦。他是为数不多成功进军好莱坞的日本演员，曾在2007年的奥斯卡颁奖典礼上介绍过最佳外语片奖的历史。但渡边谦的英语仍带有明显的日本口音，不能和“海归子女”相提并论。我在美国生活了十几年，并且一直给美国人讲授语言学，算是英语不错的日本人，但是论地道和自然还是比不过“海归子女”。这其中的原因，还得用临界期假说来解释。

前几天，我刚好遇到一个来美国一年多的日本家庭。他们家上小学的儿子刚来美国时完全不会英语，但是现在他的英语已经相当流利，水平甚至比学历为大学本科的妈妈还高。他妈妈经常要问儿子:“刚才那个人说了什么?”

不过，不是所有从小去国外的孩子都能成为“双语者”。成为“双语者”的前提条件是孩子必须生活在外语环境中。如果去了国外，孩子还是和本国的朋友一起玩，只说本国语言，那么即使出国时的年纪很小，孩子也掌握不了外语，现实中这样的情况不在少数。另一方面，在外语环境下保持母语水平也并非易事，所以也有很多孩子变成了“被动双语者”——听得懂母语，但不会用母语去读、写、说。

“双语者”的认知能力

“双语者”意味着能熟练使用两种语言，这无疑有很多好处。很多研究表明，双语能力还会带来认知方面的益处。尤其是在面对复杂刺激时，双语儿童的注意力和控制力明显优于单语儿童。

很多研究者开展了各种实验来调查“双语者”的认知能力，西蒙效应实验就是其中之一。这项实验要求实验对象在计算机屏幕上出现蓝色矩形时按右键，出现红色矩形时按左键。由于矩形在屏幕中出现的位置忽左忽右，实验对象经常会按错键或者来不及按键。最终对比的是正确率和按键反应时间。

双语儿童在这项实验中的成绩明显优于单语儿童，而且最新的研究还表明两种语言距离越远，这样的效果越明显。也就是说，英汉或英韩“双语者”的认知测试成绩高于英语和西班牙语的“双语者”。不看理论解释，稍微思考一下我们也能理解这个结果。掌握两种语言的过程就是在不断对认知能力施压，人脑的信息处理能力自然会在这一过程中得到提高。也就是说，习得的两门语言的距离越远，学习者就越难运用已知的语言知识，学习者大脑的信息处理负担就会增大。这个状态持续下去，就能让学习者的大脑获得更高的信息处理能力。

加拿大约克大学的艾伦·贝里史托克（Ellen Bialystok）等人的实验表明，双语老人和双语儿童一样也具有认知优势。2007 年的一项研究以 184 名患有认知障碍症的老人为对象，调查他们认知障碍的出现时间。调查结果发现，双语老人的认知障碍发病时间平均要比单语老人晚 4 年，而且病情恶化速度更慢。很有意思的一个对照是，高学历老人认知障碍症的发病时间晚，但恶化速度快，大约 5 年后就和非高学历的老人病情程度相同了。

认知障碍症研究领域一般认为，过往人生中复杂的精神活动能推迟认知障碍症的发病时间。贝里史托克等人的研究中对“双语者”的划定标准是“至少到成年之后，在日常生活中一直使用两种语言”，很多调查对象是在 20 世纪 40 年代到 60 年代从欧洲移民到加拿大的，完全符合这一条件。

第 3 章

什么样的学习者能学好外语

——个体差异和动机

外语学习的个体差异

除了年龄，还有很多个体因素影响外语学习的效果，其中，“外语学习的适应性”尤为重要。适应性在人的一生中不会发生大的改变，相对稳定。此外，外语学习成功与否也与性格、性别等其他个体因素相关。

动机虽然也可以看成个体因素，但由于动机在每个人生阶段的变动较大，所以还是有别于其他个体因素。有关适应性、动机与外语学习效果的研究，前人也取得了丰硕的成果。我们首先来介绍适应性。

外语学习的适应性

“外语学习的**适应性**”是什么？真的存在适应性吗？我们经常说“某人有语言天赋”，这里的“语言天赋”指的就是外语学习的适应性，是专属于外语学习的适应性。从这句话也能看出，很多人坚信外语学习有适合与不适合之分。

现实中确实有不适合学外语的人。有的学生其他科目都学得很好，唯独外语学不好，美国的医生将这种情况定义为“外语学习障碍”。我曾经任教的美国康奈尔大学规定，如果学生被确诊为“外语学习障碍”，那么就可以免修外语。康奈尔大学的学生在校期间要学两年外语，对于有外语学习障碍的学生而言，医生开具的“外语学习障碍”的诊断书非常重要。没有这个诊断书的话，他们就有可能无法毕业。

外语学习适应性测试

如何科学地研究外语学习的适应性呢？这方面最初的研究，其目的是非常实际的，就是想筛选出那些适合学习外语的人。常见的几种外语学习适应性测试中，最有名的是 MLAT（Modern Language Aptitude Test，现代语言学能测试）。该项测试由美国国务院下属的外交官培养机构——美国外交学院设立，目的是筛选出外语人才。美国外交学院的运营资金来源于国民的税款，如果学院的学习者不具备外语学习的适应性，那就是在浪费国民的税款。对于美国外交学院而言，只有选取那些具备语言才能的学习者，才能提高外语的教学效率。MLAT 设立的目的，正是为了筛选出那些在外语学习上成功的可能性更高的人。不过，由于这项测试的重心不在外语学习的理论构建，而在预测能力上，所以其功利性也受到了批评。

虽然MLAT存在弊病，但迄今为止的五十多年间，很多研究中都使用了MLAT，而且它也影响了很多其他的适应性测试。毫不夸张地说，MLAT可以算是目前最重要的适应性测试。

有关适应性的研究，多是观察学习者在MLAT等适应性测试中的得分和检验学习结果的外语测试的得分之间的关联。MLAT测试的是以下四个方面的能力。

1. 对声音的敏感度

2. 对语法的敏感度

3. 发现语义和语言形式间关联模式的能力

4. 记忆能力

各种适应性研究的结果表明，MLAT等适应性测试的结果确实能在一定程度上预测学校里的外语学习的成败。但是，MLAT本身的支撑数据来源于学校里的外语学习情况，所以关于MLAT能否有效预测外语的自然习得效果，目前还存在争议，相关的研究也不多。

适应性和智力的关系

“某人有语言天赋”指的是他在外语学习上具有“特殊”的

适应性。但我们也会经常听到这样的对话——“那人英语说得很好。”“是吗？他可真聪明呀！”这一对话的观点是“外语好的人聪明”，这种观点将一般意义上的智力与外语学习的适应性同等对待。可是，这又与“语言天赋是一种‘特殊’的适应性”这一观点相矛盾。那么适应性与智力之间，究竟是什么关系呢？

研究者已就“智力、认知能力”和“外语学习的适应性”的关系开展了很多研究。研究者对比智力测试的得分和 MLAT 等适应性测试的得分后发现，二者虽然有相当一部分重合，但又不完全相同，“外语学习中特殊的适应性”有其独立性。这一发现和我们平日的观察结果也基本一致。通常各科成绩好的学生英语成绩也不错，但也有一部分学生只有英语成绩不好。相反，也有一些学生其他科成绩不好，英语却出类拔萃。

双语研究中经常会出现两个概念——**基本社会交际能力**（Basic Interpersonal Communication Skills，BICS）和**认知学术语言能力**（Cognitive Academic Language Proficiency，CALP）。前者是日常对话的能力，后者是认知层面的语言能力，如学习教科书等复杂内容时所需的读、写、讨论的能力。认知学术语言能力题目的得分与智力测试相关度高，而基本社会交际能力的得分与智力测试的相关度则低很多。

这个结果很好解释。智力测试说到底其实就是预测学习成绩，自然就和认知学术语言能力相关度高。但是也并不是所有的研究结果都一致，研究中总会有一些难以解释的现象，比如有的人虽然英语成绩不好，但是英语口语却很流利。这对英语成绩差，但对口语感兴趣的学生来说也许是个好消息。也有研究表明，智力高的外语学习者适合采用以语法为中心的学习方法，而对智商一般的人来说，注重口语练习的**交际法**（communicative approach）的效果更好。

过了青春期，外语还能达到母语者水平吗？

美国夏威夷大学的迈克尔·朗（Michael Long，现任教于美国马里兰大学）曾在 1990 年发表了一篇关于临界期假说的论文。他在论文中指出，只要找到一个成年之后开始学外语，并且外语能达到母语者水平的学习者的例子，就可以推翻临界期假说。之后，他展开了很多研究来寻找可以达到母语者水平的外语学习者。在高水平的外语学习者中，确实有些人的外语可以达到“以假乱真”的水平，但是全方位考察这些学习者后，会发现他们的外语和母语者仍有差距。

1994 年的一项研究中有一个英国女性的案例。这名女性 21 岁时前往埃及之后才开始学习阿拉伯语。她没有在学校学习阿拉伯语，仅靠日常生活中和包括丈夫在内的埃及人进行交流来学习。在埃及生活两年半后，她的阿拉伯语就和当地人差不多了。但是，她在埃及生活 26 年后，研究者对她的阿拉伯语能力进行了多方面测试，结果发现虽然她的语言能力和当地人相差无几，但在语法细节方面依然和当地人有差距。由此可见，把外语学到母语者的水平，其实是一件非常困难的事情。

反对临界期假说的研究者，经常会引用邦加格尔茨（Bongaerts）等人开展的荷兰人英语发音习得实验的结果。邦加格尔茨等人，首先找到了成年之后开始学习英语且口语水平非常接近英语母语者的荷兰人。然后，用磁带录制他们的英语，并将这些磁带与英语母语者的磁带混在一起。最后，让其他英语母语者判断哪个磁带里的英语来源于英语母语者。结果，很多荷兰人被当成了英语母语者。所以，邦加格尔茨认为外语学习者的发音完全有可能达到母语者水平。但是，这个实验中也有几名英语母语者被当成了荷兰人，所以，“让母语者判断”这一方法还是不够客观。

说点题外话，其实人的主观印象和判断有时是靠不住的。1992年，鲁宾（Rubin）的研究中有一个实验，具体内容是给美国的大学生播放英语母语者的授课磁带，然后让学生评价授课者的英语是否有口音，并检查学生对授课内容的理解程度。播放磁带时，鲁宾给其中一组学生看了一张白人女性的照片，而给另一组学生看的是亚洲女性的照片。结果，看了亚洲女性照片的学生认为他们那组磁带中的授课者的英语有口音，而且认为这种口音影响了他们对课程的理解。但其实这两组听的是完全一样的磁带。

除了调查方法外，判断学习者的外语是否达到母语者水平的标准，也是一个需要考虑的问题。即使找到了外语非常优秀的学习者，通过进一步的细致调查也总会发现他们和母语者的不同。我的一位朋友（日本人）小时候生活在英语圈里，是“日英双语者”。他对自己的英语发音也很自信，但是用声谱仪对他的英语做了语音分析后，会发现他的英语发音和母语者存在差距。我的这位朋友不是成年之后才开始学英语的，所以不能把他看作临界期假说的反例。不过我们能看到，想要找到临界期假说的反例实在不是一件容易的事情。

需要说明的一点是，研究者开展了各种研究活动，来调查学习者的外语水平能否达到母语者水平，但这些研究的目的是为了验证临界期假说的可能性，而非强调外语达到母语者水平有多重要。这一点还望各位读者知晓，以免产生误解。

外语学习的天才——规则，还是记忆？

在前文的那些“外语学习者能否达到母语者水平”的研究中，那些外语学习的成功者，究竟是什么样的外语学习者呢？搞清楚这一点，对于外语学习而言无疑具有重要意义。虽然成年之后的外语学习者很难达到母语者水平，但是依然存在无限接近母语者水平的成年外语学习者。如果这些学习者具有共性，无疑就能帮助我们总结成年人成功掌握外语的条件。

英国伦敦大学的彼得·斯基汉（Peter Skehan，现任教于香港中文大学）在其 1998 年的著作中提出了这类学习者的共性。他将前文的 MLAT 适应性四要素归纳成以下三点，并将其作为语言学习适应性的要素。

1. 语音辨别能力

2. 语言分析能力

3. 记忆力

他特别指出，对于青春期之后成功掌握外语的学习者，他们最大的共性是拥有较强的记忆力。也就是说，成人外语学习者若想达到母语者的水平，应该将大部分精力用于记忆大量的句子表达，并实际去使用这些句子，而不是去记忆语法规则。这一点其实和下一章涉及的语言的本质有关，因为每种语言中固定的表达占比很大，所以这种记忆句子表达的学习策略更容易提高外语水平。

但是我们需要清楚的一点是，了解“成功特例”的共性对外语学习研究很重要，但这些共性能否在实际中应用又是另一回事。这些成功的外语学习者之所以能采用这种学习策略，是因为他们的记忆能力较强，普通人未必适用。

“外语达人”的学习方法具有参考价值，但未必每个人都能照搬过来使用。因为他们外语学得好，很可能是因为他们的外语学习适应性本来就高，而且又都找到了适合自己的方法。所以在向“外语达人”学习时，我们不能只盯着成功者，更重要的是比较成功者和失败者，分别总结成功者的共性和失败者的共性。

如何匹配适应性与学习方法？

在第二语言习得研究领域里，适应性方向的研究热度不高，很大一个原因是有人认为适应性这个词带有歧视之意。确实，现实生活里一句“你不适合学这个”（没有这方面的适应性），会立刻浇灭我们的学习热情。其实这种说法有些偏颇，毕竟每个学习者的适应性都呈现出多样性。通俗地说就是一个人某一方面的适应性高，但另一方面的适应性可能就低。这种情况下，我们需要找到与个人的适应性相匹配的学习方法。

有一份年代略久远的研究数据，是韦舍（Wesche）在 1981 年提供的。韦舍在对学习者进行适应性测试后，将学习者分成语言分析能力适应性高的小组和记忆力强的小组，接着将每组学生再分成两小组，分别采取“以语法为中心的教学法”和“以背诵记忆为中心的教学法”来授课。结果显示，教学方法和适应性相匹配的学习者成绩更好，学习积极性更高。虽然这个结果很好理解，但是实际教学中很少有教师能做到适应性和学习方法相统一。近些年越来越多的研究者开始关注这个领域（ATI 教学，Aptitude-Treatment Interaction），而且随着计算机技术的发展，这个领域也能为研究适合每个学习者个体特性的学习方法提供更多技术支持。这个领域的研究前景值得期待。

年龄和适应性的关系

适应性研究中还有一个有趣的结果，即适应性与年龄的关系。多项研究结果显示，儿童能学好外语与他们在“语法分析能力”方面的适应性无关，而与“记忆力”有关。

例如，美国匹兹堡大学的罗伯特·德凯塞（Robert DeKeyser，现任教于美国马里兰大学）在匹兹堡周边的匈牙利人聚集区，调查了自然习得英语的匈牙利人的英语水平和语法分析能力。结果显示，16 岁以后赴美的人群中只有适应性测试分数高的人，也就是语法分析能力高的人的英语水平接近英语母语者。相反，16 岁前赴美人群的英语水平都接近英语母语者，和适应性无关。

多伦多大学的布里奇特·哈雷（Bridget Harley）对那些在**浸入式教学法**（用外语讲授所有课程内容的教学方法）下学习法语的英语母语者，进行了记忆力和语法分析能力的适应性测试。结果显示，从小学一年级起就采用这种学习方法的学生，其记忆力和法语成绩之间的相关关系呈现出显著性；而从七年级（相当于初中一年级）才开始采用这种方法的学生，其语法分析能力和法语成绩之间的相关关系呈现出显著性。

性别差异和外语学习

很多人认为“女性更适合学外语”，那么实际情况到底如何呢？现实中不乏外语学得好的男性，所以我们不能说男性就学不好外语，但确实有很多研究结果证明女性的外语成绩普遍优于男性。但也有研究表明，男性听取单词的能力优于女性，甚至还有研究表明在外语学习能力方面，男女之间并无差异。不过，迄今没有一项研究能证明男性的外语水平优于女性。所以，在某种程度上，我们确实可以说“女性比男性更适合学外语”。

虽然具体的原因我们还不清楚，但研究者认为其中一个原因可能是，女性在对待外语学习时的态度比男性更积极。那么究竟为何女性的态度更积极呢？对于这个问题，大家众说纷纭，尚无定论。

不只是外语，女性的母语能力也优于男性。例如，女孩的语言发育时间一般都早于男孩，而且女孩也能更早、更好地说出复杂句子。另外，女性在单词和数字记忆方面也优于男性。

很多观点认为，这和与生俱来的性别差异有关。最新的一项研究发现，刚出生的婴儿就能显示出明显的性别差异，差异之一就是对人类世界的兴趣点不同。英国剑桥大学的西蒙·巴伦–科恩（Simon Baron-Cohen）教授致力于自闭症和心理学研究，他的研究团队发现男婴在玩耍中倾向于看物体，而女婴则更喜欢看妈妈的脸。

为了进一步验证这是不是和与生俱来的性别差异有关，研究者比较了出生仅一天的婴儿看旋转摇铃和人脸的时间。结果发现，女婴看人脸的时间更长，而男婴看旋转摇铃的时间更长。女性天生对人感兴趣的话，那么她们对语言感兴趣也就不足为奇了。

性格外向有利于学外语吗?

还有一种说法是，性格外向的学习者更容易学好外语，因为性格外向的学习者与人交流的机会更多。实际情况如何呢？探讨这个问题时需要进一步细致区分，不能简单地把情况分成“外语学得好”和“外语学不好”。前文提到过“基本社会交际能力”和“认知学术语言能力”的区别，研究者针对这种区别提出了一个假说，认为日常口语能力（基本社会交际能力）和外向型性格呈正相关，但是在一些测试外语能力（认知学术语言能力）的笔试中，内向的人得分应该更高。由于内向型性格与外语之外的所有学科成绩也呈正相关，所以这个假说有一定的可信度。

从结果上来说的话，更多的研究结果支持“外向型性格和基本社会交际能力呈正相关”这一观点。对于“内向型性格与认知学术语言能力呈正相关”的支持较少。所以，我们可以说外向型性格有利于外语学习，但内向型性格与外语学习的成败之间没有关系。也就是说，性格外向的学习者，在掌握外语的日常对话能力方面成功的概率较高；而性格内向的学习者，在这方面有时候会成功，有时候则会失败。

但是，黛博拉·布希（Deborah Busch）在 1982 年针对日本的英语学习者进行了一项研究，结果显示外向型性格与日常对话能力似乎没有关系。这项调查的开展时间是 20 世纪 80 年代，那个年代的日本人不怎么重视口语练习，出现这种结果也在情理之中。所以在那个时代背景下，外向型性格似乎也没什么优势。

曾经有项研究发现，与通过问卷调查判断出的“外向型性格”相比，研究者在教室里观察到的“外向型行为”与基本社会交际能力的相关性更强。也就是说，“用外语对话”等外向型行为要比外向型性格更关键。性格外向的学习者，在没有口语练习的课堂上也无法发挥其性格优势。学习者的“性格”“倾向”和“实际行为”之间的偏差，与本章最后一节讨论的动机问题也有很大关系。

说一个题外话，布希在开展这项研究时，还是加利福尼亚大学洛杉矶分校（UCLA）的硕士生，她是我的学姐，我们曾在学会上有过交流。现在我查了一下后发现，她发表这篇论文时的任职机构，已经变成了我之前任教的康奈尔大学。世界很小，第二语言习得研究的世界更小，本书中出场的很多研究者，都是我的老朋友。

自我控制——酒精的功效

有时候学外语、说外语确实会让人感到难为情。我们可以用母语畅所欲言，但是用外语却很难表达心中所想。也就是说，我们在说外语时，不再是真正的自己，挫折感往往也由此而生。有研究者提出了一种假说，认为与时刻进行自我控制从而避免受伤的人相比，乐于扮演不同人生角色的人更适合学习外语。针对这一假说，研究者也开展了相关实验来验证其正确性。

美国密歇根大学的亚历山大·圭欧拉（Alexander Guiora）等人做过一个实验，他们让实验对象先喝一杯鸡尾酒，在他们自我控制程度降低后观察其外语发音情况。这个实验非常有名，但由于相关论文发表在 1972 年，所以读过这篇论文的人不多，下面我来详细地介绍一下这个实验。

实验的时间是晚上，对象均为密歇根大学的学生，他们被分成两组。一组按照要求早饭后就没有进食，另一组在实验前一小时按照要求只吃了一根冰棍，并被要求将冰棍的包装袋带到实验现场作为证据。吃冰棍的小组，是为了对比空腹饮酒的影响。不过有的学生并没有遵守实验前的进食要求，最终的受试者情况是，47 人在实验前摄入了冰棍或其他糖分，40 人空腹。

受试者的酒精摄入量分别为 0 克（0 盎司）、28 克（1 盎司）、42 克（1.5 盎司）、56 克（2 盎司）、84 克（3 盎司），没有摄入酒精（0 克）的学生喝的饮料味道类似鸡尾酒。学生在饮酒 10 分钟后接受了用来测试认知能力的数字符号测验（digit symbol test）和泰语发音测试。所有学生都不会泰语，发音测试要求他们复述磁带里播放的泰语单词。

实验结果是，空腹饮酒的学生身上几乎没有体现出酒精的功效，而吃了冰棍后饮酒的学生身上则出现了明显的功效。摄取 28 克到 42 克酒精的学生，比没有摄取酒精的学生发音更好；摄取 56 克到 84 克酒精的学生，比没有摄取酒精的学生发音更差。也就是说，发音的优劣顺序是“适量 > 0 > 过量”。但是空腹饮酒无效，非空腹饮酒才能看到酒精的效果（在认知能力测试中，随着摄取酒精量增多，得分略有降低，但统计结果没有呈现显著性。也就是说，这部分得分与是否空腹无关）。

我们在现实中可能也会有类似经历。我大学时代喝了酒后英语就能说得更流利，这很有可能是因为酒精缓解了紧张情绪（适量摄取酒精也能提高其他认知活动，如逻辑推理能力）。这是个既有趣也有意义的研究，可惜后人没有再对酒精的功效进行过验证。其实这项研究还有很多值得深入挖掘的地方。除了发音，酒精对语言流畅度、语法正确率以及其他方面是否也会产生影响？酒精的功效是暂时的吗？如若长期坚持使用这种方法，能否提高发音水平？如果酒精真的具有持续性效果，那以后晚上开课的英语口语培训班，可能要让学生喝一杯白酒或者啤酒之后再上课了。而且空腹喝酒没有效果，所以培训班还得为学生准备一些下酒菜。

关于酒精功效学说的后续研究

圭欧拉这篇论文的合著作者托马斯·斯科维尔（Thomas Scovel，美国旧金山州立大学）在 2001 年出版了一本书，他在书中对这项自己曾参与的实验提出了质疑。斯科维尔认为，虽然该实验要求受试者在实验前不要进食，但还是有人在实验前吃了一点零食，而酒精又对空腹的学生没有效果，平均两组的实验结果就等于酒精没有效果。斯科维尔认为圭欧拉夸大了酒精的功效（圭欧拉看到这本书后怒不可遏）。

斯科维尔的这个质疑其实已经偏离了实验主题。虽然酒精对空腹的学生无效，但是“摄取糖分后酒精能发挥功效”就是一个重大发现。后人在引用这个研究成果时，关注点多是酒精的功效，但其实是否空腹也是需要关注的一点。

斯科维尔不仅没有在书中说明实验是分成吃了冰棍和没吃冰棍两组进行的，而且说自己没参加实验分析，圭欧拉等人是为了凸显酒精的功效而在实验结束后“突然”添加了空腹与否的内容。这些描述完全背离了事实，圭欧拉自然对此大为恼火。

学习外语的动机

关于日本人学不好英语的原因众说纷纭。那么，日本人的英语究竟有多糟糕呢？我们可以看一个例子。众所周知，要去北美上大学，就必须接受检测英语水平的托福考试。在托福考试中，日本考生的整体成绩排在世界倒数。日本考生的托福考试的分数，在近二十年里（1989—2008）也没有提高。

2005 年起，托福考试开始采用机考形式，并且加入了口语测试。采用新的考试形式后日本考生的成绩依然没有起色，在亚洲国家中排名垫底。2005 年到 2006 年的机考只在美国本土举行，所以这还是已经在美国的日本考生的托福成绩。有人说，这是因为日本人有钱，考托福的人多导致平均分被拉低。但是，总人口不及日本的韩国，考试人数却有 32 000 人，而日本考生才 18 000 人。韩国考生的平均分是 72 分，日本是 65 分。排在日本前面的是蒙古（66 分）、朝鲜（69 分）。日本人学不好英语已是不争的事实，问题是，日本人为什么学不好英语呢？

原因不止一个。虽然很多时候我们在讨论问题时（不局限于英语学习，其他问题也是如此）都假设原因只有一个，但实际生活中大部分问题的成因复杂多样，必须全面充分地去考察问题。例如，过去 30 年间，日本国内经济差距扩大的原因涉及税制改革、经济全球化和劳务派遣自由化等制度变动因素。说句题外话，我希望日本政府能学一学荷兰，尽早取消针对全职工作和兼职工作的政策差异。荷兰对全职和兼职一视同仁的就业政策，有力地促进了该国的人口出生率和经济水平的增长。

日本人学不好英语的一大原因，就是本书第 1 章说的语言距离问题——英语和日语之间的距离太远。所以，英语对于日语母语者来说难度很大。但是，亚洲其他国家的语言和日语一样，也离英语很远，所以仅凭这一点无法解释为何日本人的英语在亚洲垫底。

日本人学不好英语的另一大原因，是**动机**不强。反正只要在日本，不会英语也不影响日常生活。日本的媒体行业很成熟，全球一线的新闻消息都会被迅速翻译成日语；日本的科技也很先进，即使不会英语，也能了解最新科技成果。

但在另一些国家，英语在社会生活中占有重要地位，从而间接增强了当地人的学习动机。例如，在菲律宾如果不会英语的话，就会遇到很多社会或经济方面的难题。虽然菲律宾的母语他加禄语和日语一样与英语相差甚远，但是因为菲律宾人在日常生活中需要使用英语，所以他们的英语水平远超日本人。印度的情况也与之类似。新加坡的学校里使用的都是英语，所以新加坡的托福成绩为亚洲最高的 100 分。顺便一提，印度的托福成绩的平均分为 91 分，菲律宾为 85 分。亚洲国家中，托福平均分较高的还有马来西亚，为 89 分。这是因为马来西亚曾被英国殖民统治，殖民统治时期学校上课使用的都是英语（这里不谈论殖民统治的好坏，只想说明语言需求决定了动机，动机又决定了英语水平。本章的最后一节还将具体讨论这个问题)。

对外国文化的兴趣——融合型动机

人的动机往往是多种多样的，学外语的动机也多不例外。大多数日本人是从学校的英语课开始学英语的，所以日本人最普遍的一个外语学习动机是“取得好成绩”。英语又是一般入学考试的必考科目，这使得学习动机得以进一步提升。这些学外语的动机，都是功利性的动机。

不过，外语不同于数学、社会等学科，还是一种与人交流的手段，所以外语学习者也常会有一些其他的动机。比如，有人学习外语的目的是“希望和外国人畅通无阻地交流”，还有人希望自己可以不看字幕就能欣赏喜欢的电影。这些动机都是文化性的动机。

以上两种性质截然不同的动机，就是第二语言习得领域中动机研究的中心课题。这方面研究的佼佼者，是加拿大韦仕敦大学的罗伯特·加德纳(Robert Gardner)教授。

加德纳等人运用社会心理学的理论，从文化性动机的角度提出了一种观点，认为学外语不仅仅是学校里的课程活动，还是一种高度社会化的行为。他们提出了一种假说，认为对对象国拥有情感共鸣或者好感的外语学习者，往往具有更强烈的愿望去理解对象国的国民和文化，和他们保持行为一致，并参与到他们的文化中，而这种愿望又促使学习者产生长期、持续的学习意愿，进而取得不俗的学习成果。这种学习意愿就叫作“**融合型动机**”。很多研究结果都支持加德纳的假说。也就是说，对对象国的国民和文化持好感的学习者，更有可能学好该国的语言。

这个研究结果也很符合我们的实际经验。例如，讨厌日本的人肯定对日语没兴趣。相反，有很多人出于对日本文化，尤其是对日本动画、游戏感兴趣而开始学日语。毕业于匹兹堡大学的美国演歌歌手杰罗（JERO）最近人气正旺，他拼命学日语的最大原因是日本是自己最爱的祖母的故乡，他因而对日本产生了憧憬和喜爱之情。

借助外语获取实际利益——工具型动机

加德纳将为了达到某种实际目的的学习动机称为“**工具型动机**”。例如，学好外语有助于升学和就业，能带来经济利益等。这时外语就会被看作是能获取某种实际利益的工具。

加德纳早期的研究认为，融合型动机比工具型动机更重要。加德纳等人进行研究的地点是加拿大，而加拿大是双语环境，官方语言有英语和法语两种，语言环境相对特殊。加拿大人在外语学习上，喜好等兴趣因素会体现得更为直接。

但是，之后加德纳在以菲律宾的英语学习者为对象进行的调查中发现，工具型动机也非常重要。另外，新加坡人学日语的工具型动机也比融合型动机强烈。在一些环境下，工具型动机也会变得非常重要。但学习者在学习英语等一些世界通用的语言时，即使其兴趣点不在美国、英国等某个国家，而在全世界，那也算得上是融合型动机。

综上所述，加德纳认为工具型动机也能促使外语学习成功，但这种成功具有短期性，要想取得长远成果还需要融合型动机的帮助。我们也能在实际生活中遇到这种情况，比如很多高中生在高考结束后，就不想再学英语了。

不过，如果学习者能一直具备工具型动机也能实现持续性学习。所以学好外语的关键不在于动机是工具型还是融合型，而在于如何保持高涨的学习动机。

相关关系不同于因果关系

加德纳的动机研究观察的都是相关关系。这些研究都是先调查学习者的动机和意愿，再观察调查结果与学习者成绩间的相关情况。很多研究都得到了这两者之间具有相关关系的结论。

但是，A 指标和 B 指标相关未必代表 A 是 B 的原因（或者 B 是 A 的原因）。例如，前几天的一则电视新闻就混淆了相关关系和因果关系。这则新闻说的是学生就寝时间和学习成绩间的相关关系，最后得出结论：因为晚睡的学生成绩不好，所以学生必须早睡。但这两者并不能构成因果关系。因为新闻中也提到，有的孩子晚睡是因为被家长带去唱卡拉 OK，这说明这些家长可能并不关心孩子的教育。学生成绩差究竟是因为就寝时间晚还是因为家长的教育问题，这种情况下，我们也无法判断。在美国和日本的新闻报道中，这类混淆相关关系和因果关系的例子随处可见。

那么，怎样才能确认两者是因果关系呢？一种方法是，在只看相关关系的研究中要避免其他因素的影响。上文例子中的其他因素可能还包括学习时间、是否午睡和家长的教育态度等，只有控制了这些外部因素才能单独观察睡眠时间的影响。

还有一种方法就是做实验。将观察对象分成几个小组，只改变想了解的因素，然后通过观察、对比情况得出结论。与睡眠有关的研究采用的多是这类方法。这类实验结果表明，即使受试者本人觉得自己身体吃得消，只睡四五个小时也会导致人的反应速度和思考能力下降。美国的一所中学还进行过一项有趣的实验，该实验用于观察睡眠时间和成绩间的关系。这所学校为了增加学生的睡眠时间而推迟了上课时间，结果一年后学生的成绩比前一年大幅提高。这种情况下，才能在一定程度上去主张二者是因果关系。

先有鸡，还是先有蛋?

研究动机和外语学习的相关关系时，经常会遇到一个问题：A 和 B 的相关关系，究竟是谁引起了谁？这是动机研究中的一个大问题。积极的学习体验本身就会成为新的学习动机。例如，很多学习者因为法语成绩好，所以对法国文化、法国人产生好感和兴趣。这些学习者不是因为对法国人有好感才把法语学得好，而很有可能是因为法语学得好才对法国人感兴趣。这就是典型的先有鸡还是先有蛋的问题，英语中称为“chicken or egg dilemma”。

当然，二者之间也可能是产生了协同效应。动机高涨所以成绩好，成绩好又进一步促进了动机高涨，二者形成良性循环。

加德纳等人借助复杂的统计方法，证明了动机和外语学习效果间不仅有相关关系，而且动机还会“促使”外语学习成功。不过，这一点上还存在很多争论。

动机研究的主流方法一直是观察、比较调查问卷结果和外语测试成绩，但有研究者对这种方法提出了批判，认为这种方法并不能确定高涨的动机是否促进了学习者实际的学习行为。因此，在 20 世纪 90 年代，很多研究者开始将研究重点转移到动机和学习过程的关系上。英国诺丁汉大学的佐尔坦 · 德尔涅伊（Zoltán Dörnyei）就是其中的代表。

德尔涅伊的研究揭示了过去研究人员并不重视的内容——学习者的学习过程，以及教师的教学过程会影响学习者的动机。之前的研究重心都集中在学习者文化性或功利性的兴趣上，这些是基本稳定的因素。但是，学习者对每次学习活动的评价，也极大影响了学习动机。而且，个人的学习动机并非稳定不变，学习者的学习动机甚至在一学期中都会出现很大的波动。

经济全球化和外语学习的动机

既然动机是外语学习的重要影响因素，那么我们就不能否认学习动机不足是日本人英语不好的原因之一，不过最近这种情况有所好转。随着经济全球化进程的不断推进，日本企业和其他国家的来往越来越频繁，国际化业务不断增加，英语在日常沟通中扮演着越来越重要的角色。和中国人、韩国人等非英语母语者交流时也需要使用英语，所以日本人对英语的需求开始增强。

如今，很多企业对员工的英语水平都提出了一定要求。越来越多的日本企业，会给通过了英语检定和托业考试的员工涨工资或发津贴。我们可以期待，随着英语学习动机的逐渐高涨，日本人的英语水平会有更大提升。

不过，这种现象带来的未必都是好处。英国以前的殖民政策促使英语在全世界通行，但这种现象对非英语国家并不友好。例如，学者如果不发表英语论文就得不到全世界同行的认可，国际商务谈判也往往更有利于英语母语者。我们无法改变现状，目前只能去适应，所以还是要努力学习英语。既然英语已经成为全世界通行的语言，我们就要正确认识其作为沟通手段的价值。当然，我们也要抛弃对所谓地道口语的盲目追求，接近母语者的英语只是有利于提高沟通效率而已，其本身并没有任何特殊价值。

第 4 章

外语的学习机制

——语言无法完全用规则说明

本章讨论的重点是如何才算成功掌握外语，以及考察成功掌握外语的学习过程。首先，本章将探讨外语的学习对象——语言究竟是什么，它的本质是什么。学好外语，究竟需要什么样的知识和技巧呢？要想成功掌握外语，理解这些内容是非常必要的。其次，本章将详细介绍关于外语学习机制的研究成果。虽然这方面的研究依然存在不少未解之谜以及争论，但是我们可以暂且搁置这些内容，先从全局来把握外语的学习机制。

语言的特质——语言中哪些内容是必须要掌握的？

提起学外语，大部分人首先想到的是记单词、背语法、练发音，但外语学习没有这么简单。单词和语法固然是语言能力的核心要素，但若想掌握一门语言还需要了解单词和语法以外的知识。

首先就是语音。了解语言的语音体系，不仅要知道这门语言中有哪些语音，还要了解音节之间是如何组合的。例如，日语单词中不会出现三个连续的辅音，所以英语单词 sprite 在日语里就会读成 s–u–p–u–r–a–i–t–o。其次，是有关单词的知识。最后，是关于单词和单词如何排列组合的语法知识。

很多人看到这里，可能会认为学了语音、单词和语法就能说外语了，但掌握这些知识最多只能造出正确的句子而已。这种只能造出正确句子的能力，叫作**语言能力**（linguistic competence）或者**语法能力**（grammatical competence）。可能有读者会对后面这个名称产生质疑，不过语音之中也存在规则，也属于语法的范畴。

但是，只有正确造出句子的能力是不够的，真正掌握语言，还需要有把句子连起来进行对话的能力，这种能力叫作**话语能力**（discourse competence）。“**话语**”是语言学术语，指一个句子以上的语言单位。下框的例句经常用来解释“话语”这个概念。

A：What did the rain do?

（雨做什么了？ ＝下雨导致了什么？）

B：The crops were destroyed by the rain.

（作物被雨打坏了。）

A、B 的两句话单独看都没有问题，但是作为一段对话则很不自然。大家发现哪里不自然了吗？如何修改才能让对话变得自然呢？

A 问的是雨，所以 B 的回答应该是“It destroyed the crops”。有的读者能发现这个问题并做出正确修改，但估计也有读者虽然发现了问题却不知道怎么修改。不知道如何修改的人，其实就是英语的话语能力不足。

但是，具备话语能力和能在不同场合中使用得当的语言依然是两回事。例如，日本人都知道对长辈、上司不能使用“你”（お前）这一称呼，也不能直呼其名，但是日语学习者并不一定知道这些事情。我就经常被学日语的外国学生直呼姓氏“白井”，这让人哭笑不得。再例如，法语和西班牙语所属的拉丁语系（又称罗曼语系）也需要根据交流对象的具体情况，选择不同的第二人称代词（例如西班牙语中的 tú 和 usted）。这对于在纯外语教学环境下学习外语的学生来说，是一种非常难掌握的能力。这种能力叫作“**社会语言能力**”（sociolinguistic competence）。

上述三种能力，虽然不能说是外语学习的全部，但如果能掌握语言能力（语音、单词和语法）、话语能力和社会语言能力，那么至少就能进行基本的日常对话了。这些能力又统称为“**交际能力**”（communicative competence）。从 20 世纪 80 年代开始，交际能力就被公认为外语教育的目标。那么，我们又该如何掌握交际能力呢？〔另外，应对交流过程中突发问题时需要的**策略能力**（strategic competence），也是交际能力的重要一环。〕

单词和语法的语言模型

通过上文我们已经知道，“记单词、背语法、练发音就能学好外语”这一观点是错误的。不过，很多人还不知道的一点是，即使将单词和语法进行组合，也未必能造出正确的句子。

请看 A 框中的三句英语。（为了方便理解，我标注了“直译”形式的译文。）

A

The brothers of my parents were four. （我父母的兄弟有四个。） Your marrying me is desired by me. （你和我结婚是我所期望的。） The fact that Harry could be brought by you causes me to be so glad. （哈利被你带到这里的这件事让我很开心。）

A 框中三句英语在语法上没有任何问题，但每句话读起来都很奇怪。相比之下，B 框中的三句话更自然。

B

I had four uncles.

（我有四个叔叔。）

I want you to marry me.

（我希望你和我结婚。）

I' m so glad you could bring Harry.

（你能把哈利带过来，我很开心。）

学习者如果只学习单词和语法，就无法判断这些英语句子是否有点奇怪，但是母语者却可以判断出哪句话正确，哪句话奇怪。

学习者无法做出正确判断的原因有很多。比如，对于语法规则具体什么时候才适合使用，学习者可能存在一些“盲区”。语言中的任何语法规则都不会百分之百适用于所有情况。有的语法规则适用范围非常广，有的适用范围则非常有限。

此外，单词和语法之间，还存在很多“中间地带”，例如惯用语和成语。很多人为了应付英语考试，都拼命背诵过 put up with（忍耐）、take care of（照顾）等惯用语的意思吧？其实，这些惯用语在使用上也有很多限制。

例如，hold one' s horses（沉住气）就不能使用过去式。“He

held one’s horses”，这句话就非常奇怪。我在上课时经常会举这个例子，英语母语者看到这个例子都会心一笑，但非英语母语者则会一头雾水。

再举一例，spill the beans（泄密）这个惯用语可以使用过去式，但不能使用被动语态。就像这样，每个惯用语都有自己的使用范围。母语者不用刻意去学习，就能很自然地掌握这些知识。

实际上，这里出现的这个问题，在语言学中是一个重要的争论点：争论的一方认为，语言可以完全用单词和语法来说明；另一方则认为，语言是连续的整体，单词和语法处于一条连续的线上，我们无法具体说清楚哪些是单词，哪些是语法。虽然本书不会去介入这一争论，但我们可以明确一点，那就是对外语学习而言，要想真正掌握外语，仅靠单词和语法是远远不够的。

如果用“单词 + 语法”模型去对话会如何

当我看到本书第 79 页列举的三句英语时，就立刻意识到那正是我大一时说的英语。我在上大学前接受的是典型的应试英语教育，所以我的英语作文就是用我知道的单词和语法拼接而成的。虽然那些句子在语法上是正确的，但我却无从知晓这些句子是否自然。那时候，我的英语无疑就是“单词 + 语法”模型的典型产物。

很多在自己的国家学了一两年日语，可以用日语进行简单交流的外国学生，到日本后也有这种问题。他们的日语表达，也多是将单词填充到已知语法中的“创造式”日语。从日本人的角度看，很多表达看起来非常奇怪。这些奇怪的表达大多产生于直译。也就是说，学习者用刚学会的日语单词和语法，将母语直译成了日语。使用这种方法，有时能碰巧译成自然的表达，但更多时候得到的都是不自然、奇怪的表达。

我在美国的大学教授日语时发现，说这种“奇怪”日语的学习者，绝大多数是美国学生，很少有亚洲学生（主要是汉语母语者和韩语母语者）会说这种日语。这里不仅有第 1 章提到的语言距离因素的影响，还有一个重要原因，那就是很多美国学生在学习日语前都已学习过其他欧洲国家的语言，并发现直译法可以准确实现英语和其他欧洲语言的转换。因此，他们在学习日语时也会不自觉地使用直译法。而亚洲学生在学习了英语后深知直译法在外语学习中行不通。另外，这似乎也和性格有关。美国学生更倾向于用“创造式”的方式来尝试进行外语中的表达。（当然，这一点我没有进行过数据调研，还需要进一步验证。）

语言无法完全用规则说明

综上所述，对于外语学习者而言，了解“语言无法完全用规则说明”，是一件非常重要的事情。我认识一位英语教师，他在每学期的第一堂课上都会告诉学生这句话。因为如果学习者认为语言可以完全依照规则来说明，那么一旦遇到规则无法适用的特例，就会不断产生、积累挫败感，进而会对学习外语产生厌恶情绪。这种倾向在理科生身上尤其明显。而且，已经有研究证明“承认语言的模糊性”有助于外语学习。所以，外语教师应在教学中说明这件事，外语学习者也应该尽早了解这一点。

那么，究竟怎样才能避免说出奇怪的外语呢？可能有的读者已经想出了办法。下面我们就来讨论这个问题。

人类为何能够习得语言？——先天假说与学习假说

人类是如何掌握复杂的语言知识的呢？古希腊时期的哲学家就提出过这个问题。只要稍微了解一点语言规则，我们就会发现，所有语言的规则无一例外都很复杂。然而，我们的孩子基本都能顺利掌握语言。并且，儿童在学习语言的过程中，既没有家长给他们讲解语言规则，也没有老师帮他们订正语法错误。认知能力尚未发育成熟的幼儿，为何能够习得语言呢？想要说明这个问题，并不是一件容易的事情。这种“儿童以有限的语言数据为基础，从而习得复杂的语言规则”的现象，我们称为“**语言习得的逻辑问题**”。

为了回答这一问题，美国麻省理工学院（MIT）的语言学家诺姆·乔姆斯基（Noam Chomsky）教授提出了语言知识的先天假说（**普遍语法**）。该假说认为，儿童之所以能成功习得语言，是因为人类天生具备语言的相关知识。这样的话，儿童在语言数据不充分的条件下，也能成功习得语言。但是，心理学家迈克尔·托马塞洛（Michael Tomasello）对语言知识的先天假说提出了质疑，并提出了“**基于使用模型**”（Usage-based Model）的语言习得理论。托马塞洛指出，儿童可以成功习得语言，靠的是在语言使用过程中对知识的不断积累和对规律的抽象化。

不管是哪种理论，目前都没有解开儿童第一语言习得机制中的谜团。由此也可以看出，语言习得是一种非常复杂的现象，要理解它可谓是困难重重。与第一语言习得相比，第二语言习得的机制更为复杂，未解之谜也更多。但不论是第一语言还是第二语言，在掌握“使用语言”这一能力上，二者有许多共同之处，所要求的能力也有很多重合之处。

当然，前文已经提到过，二者最大的不同点在于第一语言习得基本都能成功，但成人的第二语言习得多以失败告终。所以，语言习得研究的课题之一，就是研究第一语言习得和第二语言习得的共同点和差异，以及差异的来源。本书第 1 章到第 3 章介绍的都是差异，第 4 章则通过介绍共同点来探讨语言习得的机制。

语言习得只靠听就足够？——输入假说

想必很多读者会认为，儿童都是通过听取父母、兄弟说话，然后模仿他们说话，并在不断试错的过程中学会说话的。但是，在语言习得研究领域存在这样的争论：只依靠**输入**（听和读）能否习得语言，是否还需要**输出**（说和写）才能习得语言？虽然这个争论针对的是第一语言习得，但同样也适用于第二语言习得。因此，这里我想具体介绍一下这部分内容。

“输入假说”认为，不论是母语还是外语，所有语言习得都只发生在对语言内容理解的基础上。这一假说的提出者，正是本书第 1 章中自然顺序理论的提出者——美国南加州大学的克拉申教授。为了证明这一假说的正确性，他提供了很多证据，下面我来介绍一下。

在幼儿的母语习得中有很多这样的案例，即一直不会说话的幼儿一旦开始说话就能说出完全正确的句子。通常情况下，幼儿在学说话时都是先说词，然后不断试错，最后才能逐渐说出完整的长句子。所以，如果孩子迟迟不会说话，家长就会十分担心（在实际生活中，确实存在语言发育迟缓的孩子）。但是，在很多案例中，这些不会说话的孩子，突然在某一天就像大人一样开口说出完整的句子。

我在加州大学洛杉矶分校读研时就听过两个类似的案例。一个是我日本朋友的侄女，她一直不会说话，但开口的第一句话就是："妈妈，夕阳真美。"

还有一个是美国朋友的弟弟。他小时候全家都住在日本，虽然从小生长在日语和英语的双语环境中，但他一直不会说话，家人都很担心。结果突然有一天，他就开口说出了流利的日语和英语。

据说爱因斯坦小时候也是这样，甚至还有人专门写过一本书，叫作《爱因斯坦综合征：说话晚的天才儿童》（*The Einstein Syndrome: Bright Children Who Talk Late*），可惜这本书没有日语译本。

这些案例表明，在语言习得过程中，开口说话并不是必要条件。第二语言习得中也有很多类似案例。例如，很多跟随父母远赴海外生活的儿童在出国初期一直沉默，但在某一天会突然开始说话。这段一直沉默的时期，就被称为“**沉默期**”（silent period）。

听力优先教学法

克拉申教授主张输入假说的另一个依据是，外语教学中的**听力优先教学法**（comprehension approach）[①]。重视输入的外语教学法往往都取得了非常好的教学效果。

最先印证这种教学效果的是“**全身反应教学法**”（Total Physical Response，TPR），这种方法需要学生调动全身对教师的各项指令做出反应。

例如，教师用外语说出下框中的指令，学生就要根据要求照做。对于复杂的长句子，可以通过下框中句子 (5) 的这种形式来练习。

① 中文也译作“领悟法”。——编者注

(1) Stand up.	(起立。)
(2) Sit down.	(坐下。)
(3) Walk to the blackboard.	(走到黑板前。)
(4) Draw a picture of a flower.	(画一朵花。)

(5) When the student on your right opens his book, tap your shoulder twice.
(当你右边的同学打开书本时，请轻拍两下自己的肩膀。)

这种教学法一般是由教师发指令，但在学生熟悉这些句型后，也可以由一名学生来发指令。全身反应教学法的重点是确保有一段沉默期，不强迫学生去发言。在课堂的最后阶段，则会留出少量的时间让学生进行简单的读写练习——教师将本节课中的命令型句子写到黑板上，学生再将这些句子抄到笔记本上。

全身反应教学法由美国圣何塞州立大学的心理学家詹姆士·阿歇尔（James Asher）在20世纪60年代提出，这种教学法在西班牙语、日语、德语和俄语的教学实验中，都取得了较好的效果。以西班牙语的教学实验为例，在使用这种教学法的授课过程中，“听”占到70%，“说”占到20%，“读、写”只占10%。实验结果显示，与以“口语练习”为中心的**听说教学法**（第5章将详细介绍这种教学法）相比，使用全身反应教学法，学生掌握“听”与“读”的速度要快三倍，并且“说”与“写”的能力也毫不逊色。也就是说，听力能力能够迁移到其他（说、读、写）三种能力上。

美国国防语言学院的瓦莱里安·A. 波斯托夫斯基（Valerian A. Postovsky）曾经开展了一项俄语学习实验，实验结果显示，语言学习中的“输入”能迁移至其他的能力上。这个实验为期 12 周，分两个小组进行。第一组学习者在前四周内不说外语，只进行“听”与“写”的练习，学期后半段才练习“说”；第二组学习者从学习之初就开始同时进行“听”与“说”的练习。结果发现，不论是综合能力还是口语能力，优先进行听力练习的第一组的学习者，都明显优于从一开始就练习“说”的第二组。

另外，前文曾提到名为“**浸入式教学法**”的外语教学方法。这种方法基本不教授语法知识，而是直接用外语来讲授所有课程。多伦多大学的梅里尔·斯维恩（Merrill Swain）等人，对从幼儿园到小学六年级一直采用浸入式教学法来学习法语的学生，进行了长期跟踪观察。结果发现，他们的听力水平基本达到了法语母语者的水平（但是其他方面的能力稍有欠缺，具体内容会在第 5 章补充）。

“听”的作用

我在写这本书期间，刚好听到了一件很有意思的事。事情发生在选修了我在匹兹堡大学开设的“第二语言习得”这门课的一个美国女学生（她是一位双专业学生，专业为语言学和脑科学）身上。她在头一年的暑假参加了一个日语学习的集中讲座，讲座没有学分，所以她只是坐在教室里听老师讲课，没有进行任何口语练习，而且课后她也没有自己练习过口语。然后，为了进入 9 月份的中级日语班继续学习，她参加了分班考试。令人吃惊的是，她的成绩居然可以顺利进入中级日语班学习。

还有一个我朋友的例子。她从短期大学[①]英语系毕业后参加过一次托业考试，成绩刚过 600 分。之后，她结婚成为家庭主妇，便没有继续学习英语。但是，时隔 12 年后她再次参加托业考试，竟然得了 800 分，成绩提高了近 200 分。据她说，这些年有时候为了查一些日语的网站没有的信息，她会浏览一些英语的网站。而在输出方面，这 12 年里她只是偶尔和外国人聊天或者发邮件，除此之外再无别的输出。

① 类似中国的大专，学制为 2 ~ 3 年，以培训进入社会后的必需技能为教育重点。——译者注

从以上两个例子可以看出，理解语言中的“输入”，是语言习得的重要机制。

仅靠“输入”就能习得语言吗？

从前文列举的研究和例子可以看出，输入假说的可信度非常高。但是，在实际中也存在无法用输入假说解释的现象，其中之一就是“儿童无法通过看电视习得语言”。有一个案例是这样的，一对夫妇患有听觉障碍无法说话，只能靠手语交流，他们的孩子主要通过看电视来习得语言。这个孩子被社工发现时，已经三岁零九个月，他说出来的话语法非常不自然（他弟弟的成长环境与之相同，但被发现时才一岁零九个月，还不会说话，属于不同的情况）。

本书第 2 章曾介绍库尔博士做的实验 1，库尔博士随后进行的实验 2 则表明，通过看电视是无法习得语言的。实验 1 中出生九个月的美国婴儿在听了共计 5 小时的汉语后，就能分辨出英语中没有的汉语语音。在实验 2 中，库尔博士使用了相同的方法，不过这次将婴儿旁边的真人朗读替换为电视播放。结果发现，婴儿的汉语语音辨别能力没有任何提升（实验中也尝试过播放不带画面的纯音频，自然也无效）。

此外，仅靠输入就能习得语言的理论也无法解释“**被动双语者**”的出现。被动双语者可以听懂两种语言，但是只能开口说一种语言。很多第二代、第三代移民都是被动双语者。比如一些日裔美国人为了让孩子成为日英双语者，会和他们用日语交流，但是孩子上学后，英语就会成为主要语言，日语水平随之直线下降。他们中的大多数能够听懂日语但是不会说。所以，即使父母和他们说日语，他们也会用英语来回答。

很多美国移民家庭都遇到了孩子不会说父母的母语的困境，所以有的父母会装作听不懂英语。因为如果父母懂英语，孩子就会在家里说英语，最终变成被动双语者。我还听说有的家长在家里不小心说了一两句英语，结果在那之后孩子就只用英语和父母说话了。听说韩裔美国人在这方面会比较严格，往往会在家中严禁孩子说英语。

这些例子表明，要想习得语言，仅靠“输入”远远不够，还需要“输出”。可是，这又与前文中输入假说的观点产生了矛盾。该如何去解释那些截然相反的现象呢？下面，我将介绍一种与这个问题相关的假说。

语言习得的关键是“输入”+“输出的需求”

“孩子经历沉默期后突然开口说出完整的句子”等例子表明，说话（即“输出”）并不是语言习得的必要条件。但是，看电视学语言以及被动双语者的例子又表明，仅靠“输入”也是无法习得语言的。

那么，儿童在突然开口说话之前，他们的身上究竟发生了什么呢？我认为，在此期间，儿童会有意识或无意识地在大脑中进行语言表达的练习。出于某种原因，儿童可能暂时没有把那些话说出口，但是他们已经在大脑中多次“演练”过。否则，他们无法在某一天突然说出完整的句子。

而前文中看电视的儿童以及被动双语者，则没有进行这种“演练”的必要性。对他们所处的环境而言，虽然理解输入的内容是必要的，但开口说话却是完全不必要的。因此，虽然他们有听懂语言的能力，但不会在大脑中进行语言表达的练习。这样一来，他们说话的能力便没有得到发展。

综合以上事实，我们可以总结出语言习得成功的必要条件——“输入”+“输出的需求”。由此，语言学家们提出了一个假说——即使没有实质输出的行为（不去实际说语言），只要有输入以及输出的需求，那么通过在大脑中对语言表达进行“演练”，就能最终开口表达。大脑中的“演练”可以是无意识行为，也可以是有意识活动（例如我们去拜访老师之前，都会事先想好“要说什么”）。

克拉申等人围绕这个假说做了一项有趣的研究。他以正在学习西班牙语的美国高中生和大学生为对象，询问他们是否有过无意识的语言“演练”经历。结果，有 69% 的高中生和 78% 的大学生回答说有。但是，对于已经能在工作中使用西班牙语的高级学习者，只有 10% 的人回答说有。由此，克拉申等人得出一个结论，即处于语言习得初期的学习者，更容易发生语言“演练”的情况。

另一项研究，对美国大学中的中级西班牙语学习者，分别使用了三种不同的教学方法并观察教学效果。这三种教学方法分别是：(1) 阅读；(2) 阅读和讨论；(3) 语法和写作。实验开始前和开始后的测试成绩对比显示，采用教学法 (2) 的学生成绩提升最为明显。教学法 (1) 和教学法 (2) 中阅读时使用的教科书相同，区别在于教学法 (1) 让学生另外再选一本自己喜欢的读物阅读，而教学法 (2) 则要求学生围绕教科书的内容展开讨论。这项研究虽然存在一些问题，如研究对象数量过少，没有控制教师这个变量等，但是其结果与“输入”+“输出的需求”假说相一致。

“用外语思考”等同于“演练”

“要想学好英语，就得学会用英语思考”，想必不少读者都听过或看过这句话。不只是英语，学习任何一门外语，都会听到“用外语思考”的学习建议。不过，这里的“用外语思考”究竟具体指什么呢？似乎没有明确的答案。我刚到美国留学时，经历了前文所说的大脑中的语言“演练”，也切实体验了“用英语思考”。

留学初期，我住的是研究生宿舍，第一学期里同学中没有会说日语的人，所以我想说什么都得用英语。有一天，我突然意识到自己正在用英语在脑海中说话。仔细想想这也不奇怪，不论是快乐还是愤怒，每个人都想把当天发生的事告诉别人。对方可以是室友、同学，也可以是一起吃饭的朋友。虽然说话对象不拘泥于某个人，但我知道说话的语言一定得是英语，所以就不自觉地在脑海里用英语进行“演练”了。也就是说，在还没有确定说话对象时，就已经不自觉地用英语组织语言了。我们在去请教老师问题时，一般都会事先打好腹稿，这是刻意思考的情况（有意识的“演练”），更多时候我们在大脑内说话是无意识的。

这种“演练”，对语言学习能达到事半功倍的效果。即使没有说出口，在脑海中反复练习也就意味着说英语的时间成倍增加。近年来，研究人员会通过功能性磁共振成像（fMRI）观察人在使用语言时大脑的活动情况。观察结果显示，人不开口说话，仅在脑海里说单词和句子时的大脑活动情况，与人实际说话时的大脑活动情况很接近。此外，由于大脑在进行语言“演练”时需要进行语句的排列组合，这会在无形中提高大脑接受输入信息时的集中力和语言处理能力。学习语言，特别是学习外语的过程中如果仅接受输入信息，大脑对语言的处理就会倾向于停留在“理解意思”的处理阶段。所以，如果想达到语法程度的语言处理水平，就需要在脑中练习语言表达，去进行语言“演练”。关于这个问题，我会在第 5 章详细说明。

库尔等人开展的让美国婴儿听汉语的实验表明，来自电视的语言输入无法帮助婴儿获得辨别外语（汉语）语音的能力，这又该如何解释呢？克拉申调查了实验 2 中来自人的语言输入和来自电视的语言输入之间的区别，结果发现问题的关键点不在于是人还是电视，而在于婴儿对语言输入的注意力的集中时间。也就是说，婴儿在分别面对人和电视时的注意力的集中时间是不同的。所以我们无法从这个实验中判断究竟是电视本身无效，还是由于电视没有吸引婴儿的注意力而无效。

之后还有研究发现，能够注意到刺激性声音的婴儿和注意不到刺激性声音的婴儿，在语音识别能力上存在差异。所以，这个问题的关键或许不在于是电视还是人，而在于婴儿听到了多少刺激性的声音。

语言习得的机制

输入假说的提出者克拉申，在 20 世纪 70 年代末又提出了一套完整的第二语言习得理论。这套理论囊括了第二语言习得研究的精髓，在 20 世纪 80 年代引发了学术界的广泛关注。不过，这套理论非常极端，因此也招致了很多研究者的批判。下面我们就来看一看这套理论吧。〔有研究者将克拉申的全部理论称为**"监控模式"**（monitor model）或**"输入假说"**。〕

克拉申在前文介绍的一系列证据的基础上，提出过"输入假说"，认为"**可理解的输入**是语言习得的充分必要条件"。之后，他又提出了一种假说，认为有意识的**"学习"**行为只能起到检查自己所说的语言是否正确的监控作用，即**"监控假说"**。

首先，克拉申假设人类掌握语言存在两种途径，即在理解信息过程中的无意识的“**习得**”，以及在学校学习过程中的有意识的“**学习**”（也称**习得 – 学习假说**）。然后，克拉申得出了一个结论，即不论是第一语言还是第二语言，人类掌握语言，都是通过处理输入内容使得**语言习得系统**发挥功效而实现的。也就是说，克拉申认为，有意识的“学习”在语言习得中的作用不大。

同时，他认为在语法习得顺序（**自然顺序假说**）确定且“监控模式”不发挥作用（只关注语言是否传递了意思，不刻意关注语言的形式是否正确）的条件下，对所有学习者来说，简单语法和复杂语法并无区别。

但是，现实中还有一些外语学习者，他们即使能理解输入内容但仍无法成功习得外语。为了解释这种现象，克拉申又进一步提出了**情感过滤假说**，并由此完成了他的第二语言习得理论体系。情感过滤假说认为，情感过滤强度高的学习者即使理解输入内容也无法成功习得外语。当学习者情绪**焦虑**（anxiety）或学习动机低时，情感过滤强度就会变高。

理解却无法使用的知识

克拉申的理论，在某种意义上可以说是符合我们的直观感受的。例如，英语中规定，当主语是第三人称单数时，动词的一般现在时后要加 s（例如，He walks to the store），这是大部分学习者可以理解的基本语法。但是，仍然有很多英语学习者在实际对话时不会运用这一点。克拉申就认为，这种通过有意识的“学习”而得到的知识，不能被称为真正意义上的对知识的“习得”。这些知识，只在说话者把注意力放在“语句是否正确”上时才能发挥作用。学过外语的人应该都有类似体验，所以很容易接受克拉申的这套理论。

克拉申认为无意识的“习得”和有意识的“学习”完全不同，因此他断言通过“学习”而获得的知识，永远无法通过练习转化成“习得”的知识。这个观点现在仍有争议，我们将在后文的“自动化模式”中再做详细介绍。

什么是无意识的“习得”？

有些读者虽然赞同克拉申的解释，但可能仍然心存疑虑：无意识的外语习得真的可能吗？其实，人类认知活动的很大一部分，是不会上升到意识层面的，认识到这一点非常重要。

例如，前几天我坐在窗边备课时，不由自主地哼起了 *I'm Singing in the Rain* 这首歌。当我抬头时，发现外面下雨了。我的大脑在无意识间发现了天气的变化，并发出了“唱歌”的指令。哼歌就是我无意识间做出的动作。人类会经常无意识地做一些事情，其中很多日常行为可以追根溯源，但也有很多行为的发生没有任何缘由。

因脑功能障碍而出现记忆障碍的人，在反复进行某项简单操作后，可以提高这一行为的效率，但是他们自身对这项操作没有任何记忆。这种记忆由脑的其他部位控制，有别于上升到意识层面的记忆，是一种截然不同的认知过程。

很多时候我们使用语言都属于无意识行为。比如我们说话时，都是自然而然地说出来的，而不会逐一考虑这里该用什么字，那里该用什么词。婴儿在学说话时，也不会刻意去记忆这里该用什么字，那里该用什么词。

儿童的母语习得大体上都属于无意识的“习得”，有意识的“学习”所占比例很小。而成人的外语习得中“学习”的比例要大得多。

当然，也有一种外语习得的情况，既不需要上课，也不需要课本。例如，移民到外国就会在日常对话中习得该国语言。这种过程属于“**自然习得**”，类似于母语习得，而在学校学习外语则是“**课堂习得**”。

当然，这两种习得不是“势不两立”的矛盾关系。准确来说，它们应该是处于同一条延长线上的两个过程。例如，英语习得的情况如下图所示。

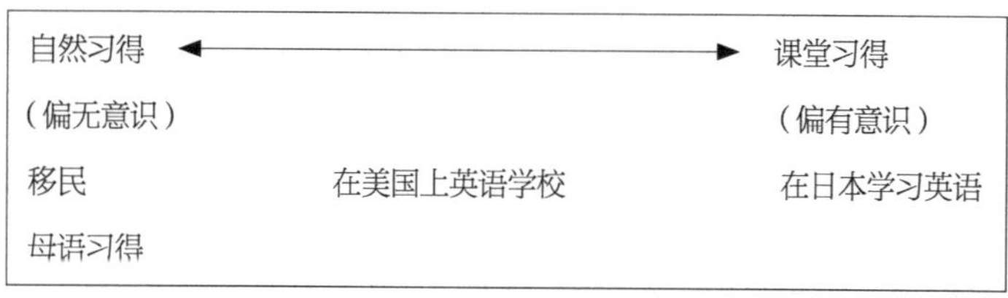

不同学习环境下，英语学习在意识上的程度差异

母语习得以及没有上过语言培训班的移民的语言习得，都是自然习得。日本人在初中、高中里学英语则属于课堂习得。位于这两种情况的中间地带的是，学习者在美国每天使用英语，同时还去上英语培训班的情况。而且即便同属于中间地带，也有阶段差异。有些人虽然移民后没有上语言培训班，但是他们会在日常生活中就这门语言的内容求教母语者，反之有些人则不会有这些行为。这两种人在有意识的“学习”的强度上就存在差异。

第一语言习得和第二语言习得，其本质差异之一就是语言知识的性质不同。母语知识基本都是无意识的**隐性知识**，而第二语言习得中有意识学习到的知识，或多或少都与**显性知识**有关。那么，显性知识到底和第二语言习得有何关联呢?

语言习得可以用“自动化模式”解释吗?

克拉申认为，通过有意识的“学习”而得到的知识，不会转换成无意识的“习得”性质的知识。他提出的“学习到的知识在交际场合无用”这一观点，确实符合我们的直观感受。但是，很多日本人都是先在学校里学习语法和单词，然后再练习听力和口语，最后达到可以实际应用的水平。这种情况和克拉申的观点相矛盾。所以，有研究者借此批评克拉申的理论，认为学习者通过有意识的“学习”而得到的知识，也能够逐渐**自动**变成可以运用的知识。

人在学习某项技能时，在开始阶段速度都很缓慢，但随着对这项技能的不断熟悉，速度就会逐渐加快。最典型的例子就是开车。刚开始学习开车时，从插入钥匙开始，我们要认真记住每一个操作步骤。但是当我们的驾驶技能熟练之后，开车就能成为一种自动化的过程，我们甚至可以一边聊天一边开车。这就是知识的自动化。“自动化模式”理论认为，语言习得中也存在与之类似的自动化过程。

那么，“自动化模式”该如何解释前文所说的“理解某种知识却无法实际使用”的现象呢？这里就涉及认知心理学中的**“容量有限论”**了。“容量有限论”指人脑可一次性处理的信息量是有限的，人脑无法集中注意力去处理超过限度的信息。例如，人在说外语时，如果注意力集中在传递意思上，那么就很难分出一部分精力去关注语法是否正确。在这种情况下，学习者就有可能忘记在第三人称单数的动词后加 s。相反，如果关注语法是否正确，就有可能在说话内容上出现问题。正所谓“按下了葫芦浮起了瓢”，顾此失彼。

从这种角度看，如果说外语这一活动也能“自动化”，那么学习者就能减少对所说内容的关注度，从而将更多注意力放在语法上。如此一来，当语法的使用“自动化”后，学习者就能将更多的注意力放到说话的内容上。这样一来，学习者逐渐就能在内容和语法上恰当地分配注意力。

最近越来越多的研究者认为，记忆的容量（**working memory，工作记忆**）与外语学习的适应性有关。他们认为，单次能够处理越多信息量的人越能学好外语。很多研究者正在就工作记忆与语言习得，尤其是与语言习得适应性之间的关系展开研究。

输入假说，还是自动化模式?

下面我们来比较一下上文提到的两种理论，这两种理论简单总结如下。

输入假说:“习得”只会在人脑尝试理解输入信息的情况下产生；通过有意识的“学习”而获得的知识，只在检验所说话语是否正确时才发挥作用。

自动化模式：各种技能在初始阶段都是有意识的“学习”，经过多次重复后会成为无意识的自动化行为，不再需要我们花费注意力在上面。

其实，这两种理论都有较为极端的一面，之后的研究者的立场，多是处于这两种理论之间。现在的观点普遍认为，“通过有意识的学习而获得的知识对实际交流毫无用处”这一观点不符合事实。实际上，更多实际情况与自动化模式理论相吻合，即学习者刚开始说外语时较为生疏，熟练之后则会越来越流畅。

有意识的学习，可以让学习者关注到那些通常不会被注意到的语法和单词，从而提升通过“听”来理解语言的能力，而这也会促进外语的自然习得进程。例如，学习者仅靠听可能无法区分英语中 a 和 an 的区别，但如果事先学了这个知识点，就能听懂二者的差异了。这类似于日语学习者学习“おばさん”和“おばあさん”[①] 的情况。语法也是一样的情况。例如，只靠听的话，很难感觉出 John was hit by Mary（约翰被玛丽打了）和 John hit Mary（约翰打了玛丽）的区别。但是，如果学过被动语态的语法知识，就能轻松听出二者的差别了。

当然，自动化模式理论也存在很多问题。如我们之前所说，语言知识中有很多部分不是靠有意识的学习而获得的。实际上，很多语法知识，一般人即使听了讲解也未必能理解。甚至有一些复杂的语法知识，连语言学家也没办法用三言两语解释清楚。例如，语法书中那些篇幅长达数页的规则讲解，让学习者从一开始就去专门学习理解这类知识，然后再通过反复使用来掌握，这是非常不现实的。因此，我们也不能否认，语言习得中的很多内容是由输入带来的。

综上，我们可以得出以下结论。

① 两者的发音相似，但前者为短音，后者为长音。——译者注

(1) 语言习得中，相当一部分的“习得”，需要建立在对输入信息的理解之上。

(2) 语言习得中，有意识的学习有以下作用：

(a) 能够帮助学习者检查所说话语是否正确；

(b) 能够帮助学习者通过自动化模式，把知识转换为实际应用能力；

(c) 能够帮助学习者注意到语言中平时注意不到的内容，由此促进 (1) 的自然习得。

(1) 是第一语言习得和第二语言习得的共同特点，(2) 是第二语言习得特有的现象。因此，学习者在学习外语（第二语言习得）时，应最大限度利用这两种习得模式。

那么，我们该如何避免说出语法正确但不自然的句子呢（例如 The brothers of my parents were four）？答案已经很清楚了。母语者通过从小听取母语中大量的句子，来掌握母语中的自然表达，也就是用 (1) 的方法来习得语言。对于外语学习，用 (1) 的方法也能掌握很多东西。因此，学外语要首先通过“听”和“阅读”来接收大量的输入信息，使自己能判断出哪些外语表达是自然的，哪些外语表达是不自然的。

但是，学习外语时，学习者可接收的输入信息一般都很少，而且还存在前文介绍过的母语干涉问题。这些都会拖累外语学习的进程。这时又有什么办法能弥补这些不足呢？

一种方法就是背诵例句。在外语知识积累还不充分的情况下，尽可能多地记忆地道的句子表达，然后再替换其中的单词，这样就能大幅降低出现奇怪表达的概率。而且，如果学习者能将背诵的内容流畅地说出来，那么这些句子对学习者自身来说又变成一种新的输入，这会间接促进 (1) 的自然习得。第 3 章中介绍过一些外语学习上的“特例成功者”，他们的共同点之一就是记忆力都比较好，这也从侧面表明背诵例句的确是一种有效的方法。

本章介绍了语言习得的本质以及习得机制，下一章将基于本章的内容，来探讨高效的外语学习法究竟是什么样的方法。

第 5 章

为了能真正掌握外语

——如何运用第二语言习得研究的成果

第 1 章和第 3 章中，我们讨论了一个第二语言习得研究中的具体例子——日本人为什么学不好英语。第 1 章给出的原因是日语和英语的距离问题（英语与日语的差异过大，导致日本人学英语的难度较大），第 3 章给出的原因是动机问题（对于日本人而言，掌握英语的必要性较低）。

除此之外，日本人学不好英语的原因还涉及学习方法问题。本章将在第二语言习得研究的基础上，介绍什么是有效的外语学习法和教学法。下面，我们先来看一看外语学习方面的理论都经历了什么样的变化。

语言学与心理学领域的方法

第二次世界大战期间，美国出于谍报活动的需求，开始寻求高效率的外语教育。在这种背景下，与美国军事部门相关的外语教育机构，开始积极探索科学的外语教学与学习方法。与外语教育关联最密切的学科，是心理学和语言学。当时，在外语学习方面，语言学和心理学中的主流理论分别是“**结构主义语言学**”和“**行为主义心理学**”。

结构主义语言学认为“语言和语言之间存在无穷大的差异”，

其研究目的在于客观记述各种语言的语音和语法体系。行为主义心理学则提出学习理论观点，认为所有学习都是基于“**刺激－反应**”的“**习惯养成**”。这两种理论都只以可观察的数据为分析对象。

基于这两种理论，外语教育中衍生出了一种新的教学理论，即“**听说教学法**”。这种教学法提倡先在“存在无穷大的差异”的母语和外语之间进行比较（**对比分析**），再针对二者的不同之处做反复练习，直至养成外语中的新习惯，从而就能完全掌握外语。这种方法曾被日本引入学校教育的英语教学中，在日本被称为“**口语法**”（oral approach）。例如，教师会使用“句型练习”的方式让学生不断练习句子的变形（例如将肯定句变形为疑问句），或者让学生背诵例句和对话。这种教学法将母语视为“坏人”或者是阻碍外语习得的“坏习惯”，其着眼点在于克服母语习惯以培养外语中的新习惯。

但是20世纪50年代后期，乔姆斯基提出了新的理论——**生成语法**。该理论主张应该关注所有语言的共性和普遍性，语言背后的结构和语言表面的现象同等重要。这个理论逐渐成为学术界的主流观点，动摇了结构主义语言学和行为主义心理学的根基。“听说教学法”随之失去了理论支撑，而且人们也意识到“听说教学法”并不能帮助学习者掌握外语。母语和外语的对比分析以及“听说教学法”的时代迎来终结。

之后，主张边听音乐边学习的“**暗示法**”，以及主张学习过程中不说话多思考的“**沉默法**”等各种有趣的教学方法层出不穷，可惜一直没有出现得到研究者普遍认同的外语教学法。

交际法

但是，基于第二语言习得以及应用语言学的研究成果，研究者依然找到了一个令人充满期待的外语教学原则——将学习活动的重点放在“意思传递上，而非语言形式上”。以这一原则为重点的教学方法就称为“**交际法**”，也称为“传达式教学法”。

第 4 章曾说过，如果通过“理解输入内容”的方式来推进语言习得，那么就应该将语言作为一种意思的传递方式来使用（本章的后半部分将详细介绍“交际法”）。

日本明治时期（1868—1912）以来，日本的英语教师广泛使用的教学方法是“语法翻译法”和“听说教学法”。这两种方法关注的重点都是语言的“形式”而非“意思”。两者都和第 4 章介绍的语言习得的原则相去甚远。从第二语言习得理论的角度看，可以说重视意思传递的教学方法会更有效。

偏误分析与“第二语言习得研究”的诞生

盛行一时的“听说教学法”逐渐降温后，外语教育、外语学习方面的科学研究，逐渐转到了第二语言习得领域。“第二语言习得”这一领域诞生的标志，是英国爱丁堡大学的皮特·科德（Pit Corder）在1967年发表的论文《学习者语言偏误的意义》（*The significance of learner's errors*）。科德在这篇论文中写到，学习者所犯错误是其心理过程的反应，研究这个过程能够解开外语学习的机制。

在此之前，第二语言习得的相关研究，例如“对比分析”或者“听说教学法”等研究，都是在语言学和心理学的理论基础上展开的，并且从未将目光放到“学习者”身上。“对比分析”和“听说教学法”通过分析要学习的外语，在行为主义心理学倡导的学习理论上（基于“刺激－反映”的习惯养成）对学习者学外语的难易度进行推测。但是，这些预测乃至相关假说并没有得到任何验证。

之后，为了验证这些假说，研究者收集并分析了学习者的数据，结果发现这些假说并不成立。例如，“对比分析”的观点认为学习者所犯的错误都来自母语的影响，但数据显示学习者的很多误用并非来自母语。例如，很多人在英语学习过程中，经常会错误地给不规则动词加 ed（例如 comed、goed）。母语为英语的幼儿在成长过程中也经常犯这类错误，这显然不属于英语学习者的母语迁移造成的问题。

科德等人针对学习者开展的分析叫作“**偏误分析**”，他的论文开启了第二语言习得研究的新篇章，使研究从之前的“理论先行”，转移到了分析学习者偏误，即关注学习者学外语的实际过程上。

偏误分析的问题

偏误分析虽然能找出学习者哪里出错，但是无法从整体上把握学习者的语言水平，因为学习者往往会“**回避**”那些复杂的表达。例如，我们无法通过分析学习者的错误，来判断其是否掌握了冠词的用法。学习者在表达“自己的书”时，如果不确定应该用 a book 还是 the book，就很可能会回避冠词，转而使用不会出错的 my book。

美国南加州大学的杰奎琳·沙赫特（Jacquelyn Schachter，现任职于俄勒冈大学）指出，只进行偏误分析根本无法把握学习者的语言体系的全貌。1974 年，沙赫特发表了题为《偏误分析的错误》

（*An error in error analysis*）的论文。之后，学术界对学习者语言的分析逐渐由“偏误分析”转向“中介语分析”，分析对象从学习者的错误扩展为学习者使用的语言的全貌。

中介语——母语与外语之间的过渡性语言

首先我们需要知道什么是“**中介语**”（interlanguage）。这个说法由密歇根大学的拉里·塞林格（Larry Selinker，现任教于纽约大学）教授首先提出。简单来说，中介语就是学习者在语言习得过程中，用自己的方式去使用的外语，也就是“学习者语言”。学习者语言位于学习者的母语和所学外语之间，并且逐渐向所学外语靠近。

中介语分析和偏误分析的本质区别究竟在哪呢？偏误分析是将学习者的错误与语言规范（所学外语的正确用法）进行比较。中介语分析关心的不是学习者的语言是否符合规范，而是学习者语言的“自律性”，认为“学习者能够建立一个不同于所学外语的独立语言系统”。

而且，中介语的发展有时会出现停滞状态，呈现一种“**石化**”状态。“石化”指学习者在使用外语时，某个特定错误固定了下来，难以被纠正。或者可以说，“石化”是指学习者的整体外语水平停滞不前的状态。不过也有研究者对“石化”现象的存在持怀疑态度（石化、中介语、语言迁移等词皆由塞林格创造）。

形式与意义的连接

很多有关中介语形成过程的研究发现，学习者往往会先创造出一些不符合目的语规范的语法，之后才会向所学外语的规范逐渐靠近。例如，在学习动词过去式的过程中，学习者一开始只会将瞬间动词变成过去式，而不是所有动词。学习者很难将 I love him 变成 I loved him，但是能很轻松地将 I break the cup 变成 I broke the cup。

外语学习者虽然为动词过去式赋予了某种意义，但是这个意义和母语者的理解有所差异，所以外语学习者需要不断重建语法。这一重建过程受到各种因素的影响，如接收到的输入内容、母语情况、所学外语的复杂程度等。

进入 20 世纪 80 年代，第二语言习得研究的课题之一就是探讨学习者的中介语系统是如何形成、发展的，以及为什么会形成这种语言系统。

语言的习得顺序是固定的?

至此，我们已经介绍了第二语言习得研究的一些成果。下面，我将从如何应用的角度，来介绍与外语教育、外语学习直接相关的内容。

第二语言习得中的“**习得顺序**”（acquisition order）研究，主要观察的是学习者习得语法的顺序。第1章也曾提到，20世纪70年代，这类对英语语法习得顺序的研究非常多，这些研究表明习得顺序具有一定的普遍性，但同时也受到母语的影响。

此外，也有很多研究者对与“习得顺序”密切相关的“**发展顺序**”（developmental sequence）展开了研究。习得顺序和发展顺序的区别在于，习得顺序观察的是不同的语法形式（例如冠词、复数、过去式、现在进行时、be动词）的习得顺序，而发展顺序关注的则是学习者在学习语言的过程中，对于诸如否定句、疑问句这些语言领域，是经历了什么过程才掌握的。这方面的研究中，研究者似乎普遍认为发展顺序基本不会发生变动。

举个关于“否定句”的例子。美国哈佛大学的约翰·舒曼（John Schunmann，现任教于加州大学洛杉矶分校）研究团队以及其他研究者的调查发现，对于英语的动词否定形式，例如 I don't go，英语学习者会说成 I no go。虽然日语的否定（ない）形式位于动词后面（行か + ない），但包括日本人在内，所有英语学习者都会经历将否定词 no 直接放在 go 前面的阶段。这项研究可以证明，虽然每个学习者的母语不同，但他们在外语学习中的发展顺序却具有普遍性。

同样，研究者发现外语学习者在掌握"疑问句"的过程中也存在普遍顺序。之后，又有研究表明，学习者在习得德语的语序规则时，也会经历一个具有普遍性的发展阶段。

可以跳过某个发展阶段吗?

有观点认为，外语学习过程中的各个发展阶段是无法跳过的。曼弗雷德 · 皮耶尼曼（Manfred Pienemann）提出了"**可加工性理论**"，认为语法学习的发展阶段取决于要学习的语法的复杂程度。皮耶尼曼认为，向处于某个发展阶段的学习者讲授远高于其水平的语法知识时，学习者无法习得这个语法知识，只有向他讲授难度仅提升一级的语法知识时，学习者才能习得成功。皮耶尼曼在调查德语学习实验后提出了这个观点，即"**可教性假设**"。

通过一系列研究，我们已经能够大致明确语法的习得路径，这也可以给外语教师以及学习者带来一些启示。例如前面章节也提到过，很多研究发现，在初中的英语教学中，教师在很早的阶段就会教“第三人称单数动词加 s”的知识点，但是学习者会实际应用这个知识点的时间要晚得多。对于所有的语法规则，我们即使了解了这些规则，也无法立即使用它们。即便是那些英语讲得非常流利的学习者，也难免犯这方面的错误。

英语教师了解这一事实是非常重要的。如果英语教师知道“第三人称单数动词后加 s”的知识点很难，那么他就会知道初一的学生在口语课上漏掉 s 是比较正常的现象。而学习者若知道这个事实，就不会因此产生挫败感，觉得“自己连初一的语法都不会，太丢人了”。

不论是教师还是学生，那种“只要教（学）了‘第三人称单数动词后加 s’或者‘动词过去式的 ed’就能立刻正确使用”的想法都是不现实的。现实中不乏初中生因为这类错误而觉得“丢人”，进而产生自我厌恶的情绪，最终对英语深恶痛绝。所以，我认为此类研究是非常有必要的。

这个事实并不是说教师不能去纠正学生的错误，因为一线教学的情况往往很复杂，不能一概而论。我们想强调的是，外语教师和学习者都应该了解外语学习中的这个基本事实，这样才不会在无用的地方浪费精力，也不会抱有不必要的期待，更不会因为期待落空而失望。

学习者语言的动态变化

此外，研究者还发现中介语并非一直稳定不变，它会随着各种情况的变化而变化。美国明尼苏达大学的艾伦·塔罗内（Ellen Tarone）对学习者语言的**可变性**（variation）进行了研究，并撰写了一篇论文——《变色龙般的中介语》。他在研究中提到，如果学习者的注意力放在说话上，那么语法和发音的准确度就会提高；但如果注意力都放在所说话语的内容上，那么语法和发音的准确度就会相应降低。学习者在读单词时会更关注单词本身，所以发音就更标准，而对话时则不太关注单词，所以发音就可能变得不够标准。

除此之外，社会因素也会影响学习者语言。美国哥伦比亚大学的莱斯利·毕比（Leslie Beebe）在研究中发现，如果学习者在心理上更愿意接近对方，那么说出来的语言也会更接近对方（**趋同，**convergence）；如果学习者在心理上想和对方保持距离，则会使用不同的语言（**趋异，divergence**）。他在研究中运用了社会心理学中的**言语附和理论（**accommodation theory）。除了谈话对象外，谈话内容也会影响学习者语言。例如，掌握泰语和汉语的“双语者”在用汉语谈到泰国时，其汉语就会明显受到泰语的影响。

综上可以看出，学习者语言会在各种因素的影响下发生变化。所以，仅听一次外语学习者说话，是无法判断其外语水平的，这一点在纠正学习者的错误时尤为重要。第二语言习得论将学习者因为无法运用已知显性知识而犯的错误称为**行为错误**（mistake），将学习者因为知识空白而犯的错误称为**能力错误**（error）。不过，在实际学习过程中很难将二者严格区分，如果学习者的错误是对已知内容犯的错误，那么教师的反复纠正反而可能会影响学习者的学习热情，进而影响其学习效果。如果前文提到的自动化模式确实存在，那么学习者随着习得进程的不断推进，自然就会有多余精力注意到自己所犯的错误，最终掌握正确的外语。

外语学习中的普遍习得顺序是否能改变？

新西兰奥克兰大学的罗德・埃利斯（Rod Ellis）等多位研究者认为，“外语教学可以改变外语习得速度和习得的最终高度，但不会影响外语的习得顺序”。也就是说，教学可以提高外语学习效率，或者帮助学习者达到更高水平，但是教学无法改变外语的习得路径。

这种观点未免过于极端，因为普遍习得顺序这一规律，其实仅适用于语言中的核心语法部分。另外，关于外语教学是否能改变语言的习得顺序的研究，目前还非常少。

有观点认为，应该将语法进行分类，分为习得顺序已确定、不能改变的**发展性语言特征**（developmental feature）语法和讲解后即能使用的**差异性语言特征**（variational feature）语法。德国汉堡大学的尤尔根·迈泽尔（Jürgen Meisel）等人认为，德语中的动词sein（相当于英语中的be动词）就属于与学习者发展阶段无关的差异性语言特征语法，学习者可以在学习后立刻应用。前文提到的德语的语序规则，则属于发展性语言特征，不论采取何种教学方法都无法改变其习得顺序。

因此，要想制订出更好的教学计划以及编制更适用的教材，就必须研究清楚哪些语法是学习后无法立刻应用的，哪些语法是讲解后就能立刻掌握的。

学好外语的志向

教学究竟有什么作用呢？答案可谓五花八门。依据第 4 章提到的自动化模式理论，对于教学中教授的知识，学习者反复练习后，大脑就能够自动化地使用这些知识。另外，教学能够让学习者注意到语言中那些平时注意不到的内容。也就是说，教学能够促进由输入所引发的自然习得进程（学习者有意识地关注语言表达的行为称为“**注意**”）。

此外，教学还能对学习者的学习志向产生影响，即教学能让学习者趋向于去掌握正确的外语。如果仅依靠日常生活中的自然习得，那么就容易出现下面的情况。那些希望“自己说得和当地人一样”的学习者能够学好外语，而那些觉得“是否和当地人说得一样无所谓，只要能沟通就行”的人，其掌握正确的外语的可能性就非常低了。

迈泽尔等人关于德语习得的研究中，也有数据可以证明这一点。研究对比了“和德国人有共鸣，结交了德国朋友”的小组（综合志向小组）和“认为和德国人关系不好也无所谓”的小组（隔绝志向小组），结果发现前者正确掌握德语语法所需的时间更短。研究者分析指出，出现这种现象的原因可能在于，与后者那一类学习者相比，前者那一类学习者在“说出正确的外语”方面的意愿更强，所以他们不仅关心意思的传达，也会更加关注语句形式正确与否。

在课堂上学习外语也是同样的情况。通常来说，课堂教学的关注重点在语言的正确性上，考试大多也会检测正确性，这会使学习者更倾向于去努力学习正确的外语表达。学习者在语句形式的正确性上投入更多的关注，将有助于加速学习过程，也能提高语言学习的上限。

“可以使用的外语”来源于“输入”

好的学习方法是什么呢？我认为是能够高效达成目标的方法。如果目标是获得将英语翻译成日语的能力，那么“语法翻译法”就是一种卓有成效的学习方法。我高三时曾读过一些晦涩的英文哲学书，觉得考试可能会用上这些东西。但与其说是读了这些书，不如说是我将书里的内容翻译成日语，然后通过自己的译文来理解书中的内容。对于是否真正理解了原书的内容，我始终没信心。

如果目标是用英语进行实际交流，那么“语法翻译法”就是一种非常低效的方法了。这就像明明想学游泳，却一直在岸上练习手腕动作和呼吸方法，而不下水去练习游泳，这样是学不会的。

当然，日本的文部科学省和英语教育专家也在努力改善英语课程计划，希望使课程更加侧重实际交流。但是，只要升学考试的重点是读写能力和语法，那么学校教学就必然以语法、翻译为中心。这也是目前日本英语教学的实际状况。

语法翻译法在教学实践中易于使用，只要有一定的英语阅读能力，就能胜任这种教学法下的“英语教师”的角色。因此，在现实情况中，这种方便教学的方法，其地位可谓难以撼动。高中的英语教学中经常有这样的情况：在口语课上讲语法课的补充内容。所以，有人就直接把口语课（oral communication C）称为“语法交流课”（oral communication G，G 意为 grammar）了。

因此，对现在的日本学生而言，如果学习英语的目标是掌握用英语实际交流的能力，那么当前英语学习中的“输入”是严重不足的。学校教学中将英语译成日语，再通过日语译文来理解意思的方法，剥夺了自然语言习得过程中最重要的一环——“理解输入内容”。

如本书前四章所述，我们从第二语言习得的研究成果中能得出一个重要的结论：理解外语信息，也就是“理解输入内容”是推动语言习得进程的必要条件。虽然研究者对“语言习得中，输出是否是必要的”这一点还存在争议，但“理解输入内容”的重要性已是研究者的共识。第 4 章也提过，输入可以促进学习者对外语的语音、单词、语法的自然习得进程。外语学习中，理解信息的意思的学习，要比单纯记忆正确形式的学习更重要。

如今，日本的初、高中生学习英语的第一大动机就是应试，工具性动机成为学习英语的主要动机，英语教师们也时刻围绕应试目标展开英语教学。所以，如果有一天中考、高考中听力的比重能占到 50%，那么初、高中的英语教学也许就能更符合语言习得的规律。

从 2006 年开始，日本大学入学中心考试（National Center Test for University Admissions）中正式加入了听力部分，今后日本的英语教学可能会向更好的方向发展。不过，现在听力在入学考试中的比重仅占 20%，而且各所大学在录取学生时经常不在乎听力成绩，所以日本在这方面要走的路依然很漫长。

“预测型语法”是什么？

为什么理解输入内容能够促进语言习得呢？美国新墨西哥大学的约翰·奥勒（John Oller）认为，这是因为理解输入内容这一过程，能帮助学习者掌握语言中的“预测型语法”。例如，具有一定英语水平的人在听到“John gave me...”时，就会无意识地瞬间预测出接下来的内容。“John gave me...”这句话之后出现的应该是名词，而且多半是“礼物”，不太可能是“人”。

这种预测能力，是在通过大量的“听”和“阅读”活动来理解英语的过程中形成的。单纯把英语翻译为母语的学习方法，则无法培养出这种能力。在对话活动中，人脑需要高速处理意思与形式的关系，根本没有时间将英语逐一译成母语来理解。因此，这种可以无意识地使用的“预测型语法”就非常重要了。

实际的对话练习，可以促进外语知识的自动化过程，而日本初、高中的英语教育中，这类口语练习却非常匮乏。没有口语练习，学习者就不需要事先在大脑中进行语言演练，也就无法掌握用外语进行交流的能力。

我在美国加州大学洛杉矶分校留学时，遇到过一件很有意思的事情。夏季学期里，我和一名刚开始学日语的美国本科生打篮球，旁边还有三名日本大学生（来自东京六大校[①]）观战。我为双方牵头

① 日本名校，分别为东京大学、庆应义塾大学、早稻田大学、法政大学、立教大学、明治大学。——译者注

让他们聊天，结果日本大学生虽然想用英语聊天，但是怎么也说不好，反而是刚学日语的这名美国学生掌握了聊天的主动权。

这就是“初、高中学了六年英语却不会开口说”的典型例子，美国学生和日本学生之间为什么会产生这种差距呢？这名美国学生刚开始学日语时就被老师要求开口说日语。他从一开始就使用“交际法”进行学习，将外语看成沟通工具，利用有限的语法和单词进行沟通交流。

输出在“交际法”中的位置

语法翻译法虽然不是一无是处，但是这种方法将“沟通”这个外语学习的根本目的推后了，就像以“等你们长大了再学”为借口，让学习者在泳池旁边练习蝶泳、蛙泳的姿势，却不让他们下水练习。本书最后将介绍一个外语教学实验项目，在这个项目中，零基础的外语学习者每周学习 4 个小时，仅用了三个月就能用外语进行 15 分钟左右的对话。

有的读者可能想起了第 2 章中提到的一个问题——没有一定的基础就开始用英语交流，很有可能导致说出来的英语很奇怪。这一点是不是与鼓励用有限的语法和单词进行沟通交流的“交际法”相矛盾呢?

使用交际法教学，需要教师对输出加以控制。教师既要鼓励学生利用已学的语言知识进行沟通交流，同时也要平衡输出和输入的时间分配，防止输出过多。学习者自己也要把握二者的平衡，既要保持对交流的积极性，同时也要意识到超过自身水平的交流有可能产生不自然的外语表达。

不用教也能掌握的语言知识

儿童在习得母语时，即使其父母没有有意识地教授母语知识，也能够掌握母语。对于每种语言的语音、单词、语法、对话等，母语者的语言知识体系都是非常复杂的，即便是语言学家也无法完全说明白。但是，即便没有人给儿童讲解语言规则，儿童也能顺利习得母语。成人学习者是否也具备这种能力呢?还是说，成人不同于儿童，必须接受全面的语法教育?

如果成人学习者和儿童一样，只要具有充分理解输入内容的经验就能成功习得外语的话，那么也就没有必要向成人学习者教授语法了。例如，下页框中两句话的语法差异，英语母语者一看便知，一个是错误的，一个是正确的。

(1) Open me a beer.

(请为我开一罐啤酒。=Open a beer for me.)

(2) Open me the door.

(请为我开门。=Open the door for me.)

对于外语学习者来说，区分上框中 (1) 句和 (2) 句在语法上的差异并非易事。我经常在语言习得论的课堂上举这个例子，母语为英语的学生无一例外都能回答正确，但是母语是其他语言的留学生中就有人回答不出来。即使他们在美国上大学，英语水平相当不错，也依然不知道这个知识点。这两句话考察的是典型的双宾语句（SVOO），英语双宾语句中的间接宾语（这两个例子中都是 me）必须以某种形式“拥有”直接宾语（这两个例子中分别是 beer 和 door），所以 (1) 句正确，(2) 句错误。英语课堂上一般不会具体讲解这个规则，所以如果学习者能区分两句话，那他肯定是通过输入来掌握这个知识点的。

我从 12 岁左右开始学英语，在语言学课堂上第一次听到老师对双宾语句的解释时，其实已经可以从语感上判断 (1) 句和 (2) 句在语法上的差别了（这两个句子也是我当时造的，后来在写论文时也用过很多次）。也就是说，我是通过输入来掌握这个语法规则的。

当然，很多学习者可能现在还没有达到区分这两句话的水平。但是，即便没有老师教，我们也能通过大量输入来掌握这个知识点。

不过，我们通过观察高水平的外语学习者发现，如果仅凭输入学习外语，也会存在很多无法掌握的内容。那么，外语学习中究竟哪些内容需要老师来教，哪些内容可以仅凭输入自学呢？这也是第二语言习得的研究课题之一。

语法还是口语？

虽然现在世界上的趋势是用交际法学外语，但是在日本，语法翻译法依然拥有很多拥护者。例如在 2007 年 4 月的《新闻周刊》的“英语口语的科学”特辑中，就刊登了这样一段话。

从 20 世纪 90 年代起，“口语比语法更重要”的观点迅速在日本社会走红。在英语课上，老师会教学生各种技巧，如做听力时通过上下文关系推测内容，做长篇阅读理解时阅读开头掌握文章大意。可是学生的英语能力未能如预期那样得到提升。虽然学生习惯了英语的发音，但能开口说出来的句子，还是只有几句固定的表达。而且，这种教法刻意忽视日本人所擅长的学语法和背单词，导致学生无法准确地用英语表达意思，或者难以阅读复杂的长篇文章。1995 年至 2002 年的八年间，茨城县全县境内高一学生的阅读理解、语法、听力的分数持续下降。

这篇报道经常被拿来证明语法翻译法的优点。如果这则报道中所说为真，那么从第二语言习得研究的观点出发，又该如何解释呢？(《新闻周刊》的这期特辑只是指出了交际法的问题所在，其本意不是支持语法翻译法。)

“优先理解内容主义”的陷阱

输入假说的相关理论从克拉申时代起就不断发展。克拉申还提出了一种观点，他认为学习者可以借助语言以外的知识（语境、学习者的背景知识）来理解输入内容，所以学习者即使遇到不认识的语法和单词，也可能理解其中的意思。

实际上，这个观点也正是输入理论的“弱点”，多伦多大学的梅里尔·斯维恩就对输入假说提出了批评。她指出，外语学习者在听到第二语言时，即使不懂语法，也能通过理解单词（名词、动词、形容词等）达到对整体意思的理解。这样一来，接受沉浸式外语教育的学习者，虽然在听力方面和母语者无异，但是在语法和社会语言能力方面就会有明显不足。斯维恩认为，造成这种现象的主要原因就是学习者开口说话的机会较少。如果学习者进行输出，那么他们就必须分析和处理语法。所以除了输入外，输出也是第二语言习得中必不可少的环节（**输出假说**）。

关于外语学习中各方研究者对输出作用的争论，我将在后文中介绍。不过，在实际情况中，确实有很多外语学习者更倾向于通过单词而非语法来理解句子的意思。现实中也确实存在即使不分析语法，只要明白单词意思就能沟通的情况。请看下文 A 框中的例子。

A

Yesterday John walked three miles.（昨天约翰走了三英里。） ジョンはリンゴを食べた。（约翰吃了苹果。）

B

Today John walked three miles.（今天约翰走了三英里。） 恵子をジョンは見た。（约翰看见了惠子。）

A 框第一句英语中出现了 yesterday，所以即使忽视动词过去式 ed，我们也能明白这句话的意思。而下面的日语也一样，因为吃苹

果的一般都是人，所以即使忽视は和を，也不影响对全句的理解。

美国得克萨斯农工大学（得克萨斯 A&M 大学）的比尔·范巴腾（Bill VanPatten）认为，促使学习者掌握语法的不是输出，而是输入，所以外语学习中最重要的环节是理解输入的过程，即让学习者实际分析语法的过程。如果学习者不理解 B 框中的过去式 ed 和助词は和を，就会影响他对整句话的理解。因此，教师要有选择性地挑选输入材料，有针对性地准备一些不分析语法内容就影响意思理解的学习材料。也就是说，应该让学习者去学习一些“仅凭单词则无法理解其正确意思”的输入材料。这样一来，学习者的大脑就会开始处理语法，从而促进语法的习得。

如何关注语法

按照上一节中的观点，仅理解意思、不分析语法的学习活动称不上是语言习得。《新闻周刊》中提到过一种现象：“在英语课上，教师会教学生各种技巧，如做听力时通过上下文关系推测内容，做长篇阅读理解时阅读开头掌握文章大意。”这种教学方法鼓励学习者只看单词、不看语法，实际未必有利于语法学习。从某种意义上说，这种教学方法只是停留在表面的技巧训练，学习者真正需要的是语言能力的提升。

但是，这并不是倡导教师回归语法翻译法，问题的关键是提高理解输入的质量。也就是说，教师要帮助学生，让他们在理解一段输入内容时，不仅依靠单词等内容信息，还要借助语法的力量。这里推荐两种方法，一种方法是有计划地为学习者呈现需要处理语法的句子。

还有一种方法称为**聚焦形式教学法**（focus on form），即在活动交流中设法引起学习者对语法的注意。借用克拉申的话说就是，利用通过有意识的“学习”得到的知识去关注语法。聚焦形式教学法的中心思想是，引导学习者关注自己所说内容的准确性，在理解输入信息时也同样如此。

When I see John tomorrow, I will tell him.
（明天见到约翰我会和他说。）

假设我们听到或看到上面这句话时，我们知道说话人计划和约翰见面，那么即使忽略 when，我们也能理解这句话（I see John tomorrow, I will tell him）。但是，聚焦形式教学法则会提醒学习者关注 when，让学习者知道 When I see John tomorrow 是放在 I will tell him 前的状语从句。如果我们不知道说话人是否和约翰见面，那么这句话里的 when 就含有关于意思的信息。也就是说，通过 when 或 if 能判断对方是否计划和约翰见面。此时学习者如果想理解这句话，就必须进行语法分析了。

无论教师还是学习者，都应该意识到输入不仅仅是单纯地理解意思，还包含对语法的分析处理，这样才能提高外语学习的效率。理解语言的意思，我们可以不用逐一处理所有语言中的信息。但是，如果想真正掌握一门外语，那么从语法和单词两方面处理输入内容，会有效地促进外语的习得过程。

固定句型的内部结构

同理，学习者在学习惯用语和固定句型时，也需要关注语法。第 4 章也提过，很多学习者在学习固定搭配时，往往不去理解其中的单词是如何搭配的（固定搭配的内部结构），只是将这些固定搭配背下来。一项长期追踪一名汉语母语者（儿童）的英语学习过程的研究发现，这名儿童在还不会使用 be 动词时，就已经能通过背诵说出“It’s time to eat and drink”这样的长句子。虽然知识的自动化模式让这名儿童能够使用固定表达进行口语交流，但是我们并不能判断他是否实现了真正意义上的语言习得。

那么固定句型究竟该如何习得呢？关于这一点，学术界依然存在很大争论。有人认为固定句型的习得就是语法规律的习得，但也有人认为二者的习得过程完全不同。还有人认为儿童可以采用这种方法，但是成人不行。

我们不妨设想成人也能使用这种方法，来探讨一下将固定表达和语法规律习得结合起来的方法。例如，我们可以向学习者传递能促使他们注意到惯用语内部结构的输入信息。这是我从一位英语不错（托业考试分数为850分左右）的朋友那里受到的启发。当他在美国听到“Excuse us”时才突然意识到“Excuse me”（不好意思）不是简单的固定搭配，而是有其自己的内部结构（当你和别人一起从人群中通过时就可以说Excuse us，也就是“请允许我们从你们前面通过”的意思）。这种经历就能帮助学习者意识到某个固定句型的内部结构，反过来这又能促进学习者更好地运用这个句型。

例如，当教师给学习者讲解完“Would you do me a favor”（你能帮我一个忙吗?）这个句型后，还可以继续介绍一些与之相关的内容，如“I' d like you to do me a favor”或“She did me a nice favor”，这样可以充分发挥固定句型的价值。

输出的作用

输入是语言习得的必要条件，这已是第二语言习得领域的共识，但是关于输出是否是必要条件，学术界还存在很大争议。前文提过的多伦多大学的梅里尔·斯维恩通过调查研究发现，接受沉浸式教学的儿童虽然听力水平和母语者无异，但是在语法的准确性和不同语境用语（例如面对朋友和老师时的表达不一样）的转换上，也就是社会语言能力方面，明显逊色于母语者。斯维恩认为，沉浸式教学的缺点就是输出机会过少，因此她主张学习者应该借助输出来提高语言表达的准确性。

目前的研究认为，输出有以下作用。首先，对学习者自身而言，输出的内容也是一种输入。当然了，这一点就是输入假说的首创者克拉申提出的，所以这个作用归根结底还是落在输入上。

其次，学习者可以通过输出发现自己会说和不会说的内容，也就是可以意识到外语学习中的短板。这确实是一个很重要的作用，但是除了实质性的输出外，大脑中的演练也能达到同等效果。

再次，学习者可以通过输出来检验自己构想的语言表达，也就是使用某种表达并观察对话人的反应，以此来判断自己的表达是否正确。但是这种情况下，对话人必须为母语者或者外语水平很高的人，而且这时的输出只能检验表达是否能传达意思，不能检验表达是否正确、地道，所以效果有限。

最后，输出最为重要的一个作用，就是促进知识的自动化。输出绝非易事，需要学习者从记忆中找到有效的知识，并将这些知识按顺序排列组成一句话。所以为了迅速找到正确的语法、单词并表达出来，开口练习是最为有效的方法。

不过需要注意的一点是，虽然研究人员开展了很多关于输出的研究，但是没有研究结果显示输出可以提升语言能力。“要想会说外语，就要多开口”，这句话虽然乍看上去很有道理，但是从研究结果上来看却并非如此。一位叫作松本亨的英语达人曾说：“多听，少说，多读，少写（Listen more, speak less. Read more, write less）。”这句话确实道出了输入优于输出的真谛。

在获得新的语言材料和语言知识上，输出并没有什么作用。换句话说，输出仅对已有知识发挥作用，不过这一点常被学习者忽略。虽然在使用固定句型进行对话练习或完成某项工作时，输出可以促进知识的自动化，但在真正意义的外语习得层面上，输出活动收效甚微。

不过，仅有输入的外语学习方法，其效果也不好。如果第 4 章提到的假说（学习者仅靠输入，没有输出需求的话，语言习得就不会成功）是正确的，那就意味着外语学习中输入和输出必须同时存在。也就是说，输出的行为本身可以不断提高学习者对输出的需求，但是若过分关注输出，没有充分的输入为前提的话，学习者就无法顺利习得语言。

对于已经通过语法翻译法充分掌握了语言知识的学习者，我建议可以多做一些输出方面的练习，以便加速知识的自动化。不过需要注意的一点是，由于语法翻译法掌握的大部分语言知识都不够自然地道（如“The brothers of my parents were four”），所以为了掌握更自然地道的语言知识，在进行输出的同时还要坚持输入。

输入模式还是输入 – 互动模式?

现在的语言教育专家比较认可的外语教学法是交际法。前文也说过，交际法的教学重点在意思的传递，而非语法的讲解。但是，很多人可能不知道，交际法还可以细分为输入模式和输入 – 互动模式。

输入模式以克拉申的输入假说为基础，以“不强制学习者开口说话”为方针，致力于让学习者理解输入内容。输入 – 互动模式来源于重视语言功能的“**功能主义语言学**”。第二语言习得理论中的“**互动假说**”，则成为输入 – 互动模式的理论基础。

互动假说由迈克尔·朗在 20 世纪 80 年代首次提出。朗也认为语言习得的根本机制是“对输入的理解”，所以从这一点来看，互动假说基本沿袭了克拉申的输入假说。不过，互动假说的中心观点是，学习者在参加互动（也就是对话）的过程中，对不理解的地方提问时需要进行“**意思协商**”，由此可以进一步帮助学习者理解对方的输入内容，从而促进语言习得进程。这种假说不仅重视输入，还关注输出。比起克拉申单纯的输入模式，输入 – 互动模式更符合教学实际。

但是，迈克尔·朗在进入 90 年代后逐渐改变了他的观点。他承认有意识地学习也能促进语言习得，主张将一部分学习重点从意思理解转移到语言形式上，从而能更好地促进正确的语言习得。这就是前文提到的**聚焦形式教学法**（focus on form）。

之后，随着克拉申退出第二语言习得研究，输入 – 互动模式成了主流的外语教学法。这种教学法主张让学习者从一开始就将语言当成传递意思的手段，所以有别于输入模式教学法。

这两种教学法虽然都从属于交际法，但是这两种教学方法带来的语言习得进程是完全不同的。

若在外语对话练习中采用输入 – 互动模式教学法，就必须事先考虑输入材料的数量和质量，并且要确保学习者有充分的机会处理输入材料。日本初、高中的英语课上经常进行学生间的对话练习，但是这种练习都是让学生使用固定句型，所以并不能促进语言习得。而且，初级学习者之间在进行对话时接收到的输入信息，其实和自己的输出没有什么本质区别，因此对语言习得的作用不大，只能培养开口说话的能力（当然这种能力也很重要）。有一项研究调查了美国的大学的西班牙语课，对“初级学习者之间的对话练习”和“教师主导的对话练习”进行了比较。结果发现，“教师主导的对话练习”更能快速提高学习者的语法水平（接续词 se）。

语言材料的质量

外语学习的途径之一，就是学校里的英语课，所以外语教师必须关注交流活动时语言材料的质量。第 3 章已经解释过基本社会交际能力（BICS）和认知学术语言能力（CALP）的区别，初中阶段的交流活动多是简单对话，检验的是基本社会交际能力。但很多英语考试考察的则是认知学术语言能力，考试内容主要涉及课堂教学中使用的一些复杂的语言表达。由此可以推测，高中一年级学生英语水平下降的原因之一，很可能是高中英语考的不再是日常对话，而是课堂学习中的语言知识。但是，另一项调查又发现高三学生的英语听力水平会显著上升。所以要想知道日本学生从初中、高中到大学的英语水平究竟如何变化，需要综合考试内容等各方面的因素。

日本是非英语环境，日本学生日常用英语对话的机会也很有限，所以提高认知学术语言能力显然更加重要。基本社会交际能力和认知学术语言能力的划分其实很难一刀切，二者只是程度的不同，学习者完全可以从基本社会交际能力逐渐过渡、慢慢掌握复杂的认知学术语言能力。新的《学习指导要领》[①] 规定日本小学也要学习英语，所以现在的学习者可以在小学进行日常对话练习，升入初中后逐渐转向认知学术语言能力的学习。

日本文部科学省为了加快建立更多的英语教育示范校，尝试推行 SELHi（Super English Language High School，超级英语高中）制度，在全国范围内指定英语教育的重点高中，重点加强英语课程建

① 由日本文部科学省制定的小学到高中的教学课程标准。——译者注

设。全国各地的高中要提出申请互相竞争，文部科学省会对选中的学校提供资金支持。被选中高中的学生英语水平的提升幅度普遍远超普通高中，而且高考英语成绩分数也有显著提高。过去两年里，日本全国高中生辩论大赛的前四名的学校都是 SELHi 学校，而且 2007 年的冠军校是地方县立高中（埼玉县立春日部女子高中）。这些学校大多在教学中加入了演讲、辩论、谈论等环节，帮助学生顺利实现从基本社会交际能力到认知学术语言能力的过渡。

今后的课题——什么样的输入才有效？

为了找到更有效的外语学习法，这一节我们来看几个有应用价值的第二语言习得研究课题。

首先是输入质量。很多外语教师认为，对学生说一些他们听不懂的复杂的外语并没有什么帮助，所以都倾向在教学中使用简单的语句。母语者在与外国人交流时，也更多地选择使用简单表达即**外国人话语**（foreigner talk）。学习者之间的对话也呈现出这个倾向，不过这主要是因为学习者掌握的语言都比较简单，所以输出就会更简单。虽然简单的内容更便于理解，但是过于简单的输入内容，会在无形中剥夺学习者在语言习得过程中获取宝贵语言材料的机会。

虽然外语教师倾向于向学习者传递简单的输入内容，但是加拿大多伦多大学的赫尔穆特·佐布（Helmut Zobl）和美国威斯康星大学的弗雷德·埃克曼（Fred Eckman）却提出了与此相反的“**投射模式**”。假如教师在讲解关系代词时先教复杂的用语（关系宾语：the man I gave the book），那么学习者就能顺理成章地掌握简单的用法（主格：the man who came），这就是所谓的“投射”。佐布在研究中认为，先教英语中的女性人称代词（her），能促进学习者习得男性的第三人称代词（his/him），但反过来则没有这种效果。

再说一个日语的例子。“ている”表示正在进行的动作（走っている，正在跑）或者动作存续状态（落ちていた，东西掉了），很多日语教师认为正在进行的意思比动作存续状态的意思更好理解，当然也有很多研究证明这一点。如果教师先教“表示动作存续状态”这一更难的用法，那么对于“表示正在进行”的用法，教师不用讲解学生可能也能学会（好几位日语教师证实确实存在这种情况）。虽然现在还没有人做过这个实验，但是研究人员可以先做个假设，在课堂上用百分之七十的时间教表示动作存续状态的用法，之后用剩下的百分之三十的时间教表示正在进行的用法，最后检验学习者是否能够快速掌握这两种用法。

输入的重要性在学术界已经得到广泛共识，接下来值得研究人员关注的应该是输入内容的质量（什么样的输入更有效）。

语法教育存在上限

克拉申曾就语法教学做过如下警示：“不论何种语言，语言学能解释清楚的语法不过冰山一角，外语教师知道的语法更少，学习者能掌握的语法自然更是微乎其微。”所以在外语的语法教学中，一定要树立上限意识。

加拿大麦吉尔大学的莉迪亚·怀特（Lydia White）等人曾做过一个实验：在两星期内每天持续 7 小时为法语母语者讲授英语语法，其中一组教的是疑问句，另一组是副词位置。

实验结束时进行的测试，证明两组教学效果显著。半年之后的测试中发现，学习疑问句的实验对象依然记得相关语言知识，而一年之后的测试中发现，学习副词位置的实验对象已经完全忘记了相关知识。也就是说，虽然实验对象每天花费数小时学习语法，但是随着时间的流逝，这些知识有可能被全部遗忘。（两组实验对象的记忆出现差异的一个原因在于输入频率。研究者调查英语教师课堂上使用的英语后发现，副词出现的频率非常低，但疑问句出现的频率非常高，几乎每堂课都会出现。）

语法教学究竟能达到什么高度？怎样进行语法教学才更高效？这些都是今后亟待解决的问题。总之，外语教师最好不要抱有“只要把语法教给学生，学生就能掌握”的幻想。

不同的外语语种在学习上存在差异吗？

前文已经在第二语言习得的大前提下，大致介绍了适用所有语言习得的原则。那么外语的语种不同对语言习得有影响吗？关于这个问题我们需要思考两点，第一点是母语和外语之间的关系，第二点是外语的自身特征。

通过第 1 章的内容，我们已经了解到，母语和外语的相似度决定了学习方法。例如，日本人学习韩语时，有相当一部分的内容可以依靠直译，但这种方法在学英语时就行不通。

而且在母语和外语相似的情况下，学习者在学习外语的过程中还可以共享母语知识。日本东北大学的郑嫣婷（Jeong Hyeonjeong）等人以会说日语和英语的韩语母语者为对象，借助 fMRI（功能性磁共振成像）手段观察了实验对象在处理不同语言时的大脑活动情况。结果发现，即使实验对象的日语和英语水平相当，大脑在处理日语时的活动也类似于处理韩语时的活动，与处理英语时的活动完全不同。

这个实验表明，由于日语和韩语的相似性，母语为韩语的学习者在使用日语时，可以使用大脑中的共享知识网络。其他语言的情况还有待进一步研究，如果这一现象适用于所有语言，那么我们在学习与母语类似的外语时，就可以通过理解大量的输入内容来提高外语能力。与此相对，在学习与母语距离较远的外语时，就需要借助背单词、语法、例句等有意识学习。

不同语言的学习方法

第二点与母语无关，只与外语有关。外语自身的特点，也有可能引出不同的学习方法。这一点尚属第二语言习得研究的未知领域。

第二语言习得研究与语言学、心理学等其他领域的研究情况类似，关于英语和其他欧洲语言的研究很多，所以经常有人将英语和其他欧洲语言的习得原则照搬至其他语言。但是，在实际习得过程中，我们经常能看到外语的学习方法随外语语种的变化而调整的例子。

英语在语法上相对简单，所以大部分英语句子只要知道单词意思就能理解全文。但是这个方法不适用于结构复杂的语言。例如，俄语中一个动词就有十几种变形，学习者需要记住动词的所有变形。所以，教师可以在英语课一开始就使用交际法，但是俄语课堂就无法这么做。关于俄语教学，第 4 章中乔姆斯基使用的方法相比之下就更有效——推迟听说教学的实践时间，先以输入教学为主，先让学生记忆大量例句和单词形式的变化，打好语言基础。

即使是两种相似的语言，有时也要根据其细微的差异来调整学习方法。例如，汉语中的声调是很多汉语学习者的“拦路虎”，汉语普通话中有四个声调，平声还是仄声往往能决定一个单词的意思。

而且汉语普通话中汉字的声调，有时会根据其前后汉字的变化而变化，所以学习普通话时还要记住特殊的声调变化。粤语也有声调，但粤语声调没有这种特殊变化，所以学习粤语时只要记住每个汉字的声调就行。

本小节论述的这一点，目前还处于假说阶段，没有相关研究证明。我之所以特意举了一个汉语的例子，是因为现在的应用语言学领域过分重视英语习得研究，缺少对其他语种的关注。

第 6 章

高效的外语学习法

本书的最后一章，将根据当前第二语言习得研究的成果，具体介绍一些高效的外语学习方法。虽然这些学习方法主要面向的是外语学习者，但是外语教师也可以将其作为设计教学活动的参考。

本章介绍的方法，说不定已经有学习者在实际使用了。不过即便如此，了解这些方法背后的研究成果与理论基础，可以让学习者更加确信这些方法的正确性，这也会对学习有所帮助。

集中某一领域进行输入

学习者要理解输入（听、阅读）内容，背景知识至关重要。本来外语就不如母语好理解，如果再使用连用母语都听不懂、看不懂的输入材料，那无异于让外语学习难上加难。所以学习者在选择学习材料时，应该优先选择自己感兴趣或有所了解的内容进行听力、阅读练习。学习者可以充分阅读、收听（现在网络上可以收听各种音频材料，也能将音频下载到 iPod 等随身播放器中，边走边听）自己专业相关的内容（例如医学、商业）或者感兴趣的内容（例如体育、音乐）。这样一来，遇到没学过的单词也能推测出大概意思，同时还能习得很多新单词。不断积累专业领域的单词，外语理解能力就会随之提高，这样该领域的外语水平就能达到相当高的水平。

如果是自己感兴趣的内容，高涨的学习动机也能让学习者坚持学习下去。如此一来，随着核心语言能力的不断提升，掌握其他领域的语言知识自然水到渠成。

进行听力练习时，反复去听能听懂 80% 的听力材料，其效果远超去听只能听懂 20% 的材料。语言习得的关键是理解输入内容，对于听不懂的内容，听再多遍也没有效果。虽然反复听同一个材料难免厌烦，但已经听懂的部分内容能加快对全文的理解，也更能促进语言习得进程。

要提高对听力材料的理解能力，可以找一些双语音频，然后轮流听两种语言。例如先听外语版，然后听母语版，最后再听一遍外语版。

如果听力材料有文字版，可以在听完后看一看那些没有听懂的内容，然后再听一遍。而且将同一份材料既用于听力又用于阅读，可以得到更好的效果。有的材料在用于听力练习时由于语速过快，可能只能听到单词和大致意思。学习者在阅读这份材料时，则可以多花些时间去分析语法，然后再听一遍就能听出其中的语法门道了。

对于外语学习者而言，尽快从单纯的“学”外语，转变为

“用”外语获取外界信息，是非常重要的事情。当然，要实现这种转变并非易事，不过在这方面我们确实也有很多可以做的事情。对于同一则新闻，我们可以先听一遍母语版，然后再听外语版，但这并不是说要用两种语言看完全一样的内容。比如学习英语时，我们可以先收看傍晚时段的母语版新闻节目，然后再看晚间 9 点的英语新闻。母语版新闻能让我们了解当天新闻的大部分信息，这能帮助我们理解夜间的英语新闻，同时也有利于我们从夜间的英语新闻中获取新的信息。

即使遇到几乎听不懂的内容，去听这些内容也比跳过不听好。虽然我们理解不了听到的内容，但大脑依然在处理各种语音信息。例如，我们可以在做其他事的时候听英语新闻，可能大部分内容都听不明白，但是在听到几个自己感兴趣的单词，例如 Japan、Ichiro 时，我们就会注意到它们。所以，这种听并不是白听，至少大脑处理了语音内容，甚至处理了部分单词的意思。这种方法有利于学习者熟悉外语的语音（例如节奏）。

各位读者如果想重学外语，又不知道该如何学习的，可以从重听初高中教科书的配套音频开始。

背诵例句的作用

第 5 章已经介绍过，20 世纪 60 年代盛行的听说教学法认为，背诵例句和对话是重要的学习环节。随后的主流教学法由听说法转向交际法，背诵例句的方法逐渐遭到冷落。这背后的原因就是人们意识到语言的本质是创造性，单词和语法能组合出无数的句子。但是第 4 章也提到过，仅靠语法规则来分割和组合语言，是无法实现语言习得的。有研究表明，我们日常生活中的大部分语言，其实是由固定句型组成的。

学习外语，特别是学习和母语距离较远的外语时，背诵固定表达、例句、对话可以有效扩充外语的“数据库”，这有利于掌握地道的外语表达。背诵单独的句子虽然也不错，但是在培养对话能力（需要处理多句话中的信息）和基本社会交际能力上，其效果较为有限。所以，我更推荐背诵对话，这样的效果会更好。

坚持每天做一点儿输出

外语学习者需要坚持每天都做一点儿外语上的输出（说和写）。哪怕输出只能促进语言的自动化掌握，仅靠输入的话，并不能提高输入本身的效果。假如我们每天观看美国职业棒球大联盟的英语解说，但是不开口说、不动笔写，那么我们可能永远也学不会棒球相关的英语表达。

输出的方法有很多，可以记日记、将自己的“自言自语”录音，也可以和外语学习的搭档对话、参加英语角，甚至还可以通过网络聊天。用外语评论听到或读到的输入材料，也是一个不错的方法。这些方法可以提高外语信息输入时大脑对信息的处理速度。

随着输出次数的不断增加，大脑中的“外语演练”就会成为一种常态。即使不把演练的内容说出来，我们也能在不知不觉中习惯用外语的表达。

口语练习的第一要义是传递意思，在此基础上若有余力就要注意句子是否正确、发音是否标准。总之，说话者要把握好**正确性**和**流畅度**之间的平衡。虽然“只要能表达意思就行”的学习态度也有优点，但这种心态有可能导致学习者的外语不地道、不自然，不利于长久的外语学习。

交际策略

我们可以在日常对话中使用交际策略。当我们使用外语沟通出现一些问题，例如怎么也想不起某个外语单词，或者无法用外语表达出心里所想时，就可以灵活运用各种交际策略。

最重要的一个策略就是“争取时间”。当我们思考接下来要说的内容时，可以使用“well...um...”“you know...”“what do you call it...”“let’s see”“let me see”等口语表达来争取思考时间。这些口语相当于日语中的“えーっと”“あのー”，我们可以利用这类口语表达所争取的时间，在大脑中组织想要说的语言。特别是在语言习得的中级阶段，由于学习者的语言自动化水平不足，经常会出现知道的东西无法表达出来的情况。这种情况下，用口语表达争取时间的策略就会非常有用。

另外，当想不起某个单词时，我们可以使用“释义法”，即将单词换一种表达。例如，想不起来“垃圾桶”的英语 trash can 时，我们就可以说 the box in which you throw things away。

遇到不擅长的话题时，我们可以采用“回避”策略。例如，不了解政治的人在遇到政治话题时就可以用“oh, by the way”（对了，你们知道那个事吗？）来转移话题。不过这种方法不能用得太频繁。

以上介绍的策略一般都有相应的固定表达，学习者可以事先查阅自己所学外语中的相应表达，以便于以后在外语对话中使用。

无意义学习和有意义学习的区别

人类强大的记忆力能够帮助我们记住外界的大量信息，但是我们却很难记外语单词，这是因为母语和外语间没有实质性的联系。例如，我们都知道 book= 书，但是书和 book 之间没有任何关联，只能硬记，这就是无意义学习。

人类的记忆力会随年岁的增长而逐渐衰退，尤其是无意义学习的能力会显著下降。因此我们在记忆单词时，最好让新单词与我们已有的知识结构产生关联，将无意义学习变成有意义学习。谐音就是一个不错的方法。例如，记电话号码是无意义学习，但利用谐音来记就能成为有意义学习。我还是考生时，曾看过一本叫作《英语单词联想记忆法》的书，书上介绍了一些用谐音记单词的方法，例如用“吃拉面的伤心考生”[①] 来记 lamentable 这个单词。不得不说，这确实是一种不错的方法。

将无意义学习变成有意义学习的方法有很多。例如，有的日语教科书就通过插画帮助日语初学者记忆平假名和片假名。实验也证明，使用这种方法的学习效率要远高于没有使用插画的方法。

① lamentable 的意思为可悲的、可怜的。单词发音与日语中“吃拉面”谐音。——译者注

语境记忆也是一种方法。大部分情况下，我们可以通过上下文来推测出某个单词的含义。例如，当看到“I went to a zoo and saw a hippopotamus”这句话时，我们可能不知道 hippopotamus（河马）的含义，但是可以通过 zoo（动物园）推测出这个单词应该是动物园中的某种动物。这样一来，这个单词就被赋予了特定的含义，学习就由无意义学习转向了有意义学习。

在语境中记单词

母语者可以通过读书习得新单词（这种方法叫作“词汇附带学习法”），但是这种方法在外语学习时行不通。最大的原因是，外语中的陌生单词太多导致学习者无法推测单词的意思。因此，学习者要学会在语境中有意识地记忆单词。

首先，在遇到新单词时我们可以先推测其意思，然后再查阅字典或单词表，这就是有意识的单词习得（现在有一些很方便的电脑软件，可以立刻显示光标所指单词的意思）。

其次，在语境中记忆单词还有一个好处。除了可以记住单词的意思，学习者还能记住这个单词的搭配（前后接什么词）和语法知识。这种方法可以用来记名词，但尤其适合记动词。因为动词是一个句子的核心，决定了前后接什么名词去作主语和宾语。例如，动词 **kill** 的主语和宾语一般都是生物，而 **open** 的主语通常是人，宾语是物，而且 **open** 在作不及物动词时的主语还可以是物，如“门开了”。但 **kill** 就不能作不及物动词，如果要表示不及物的意思就要用单词 **die**（死亡）。

及物动词	不及物动词
John killed Mary.	??Marry killed. → Marry died.
John opened the door.	The door opened.

每个动词都包含各自的接续信息，母语者往往能在无意识间掌握这些信息，但是如果外语学习者在外语习得过程中接收输入的频率不够，就很难掌握这些知识。所以，为了能够有意识地学会这些知识，就需要学习者将单词放到语境中记忆。

此外，背诵有前缀和后缀的派生词也属于有意义学习。例如记忆 **lamentable**（可悲的、可叹的）这个单词时还可以顺便记住 **lament**（为……悲伤），这种有意义学习的方法比分别记 **lament** 和 **lamentable** 的效率要高得多。

学习发音从模仿开始

学习外语发音时，学习者要有意识地去确认那些对于自己而言比较难的发音。例如，日语中不区分 l 和 r、b 和 v，母语为日语的英语学习者就需要注意这类发音。我们可以多听已经吃透意思和语法的文章的音频，模仿其中的发音、节奏和语调，并反复练习，或者使用影子练习法（影子练习指听外语的同时进行跟读）。

迄今有很多学者研究了影响外语发音的各种因素，虽然每个人的结论不同，但“开始学习年龄”“外语环境下的生活时间”“性别（女性更优）”“模仿能力”“对发音的兴趣”“使用外语的频率”这些因素是大部分研究都会提及的。

以上因素中学习者最容易控制的是“对发音的兴趣”。学习者可以找到自己感兴趣的发音类型（例如英语中的美音或英音），然后努力模仿其正确发音。另外，学习者也可以用复述或影子练习的方式模仿喜欢的演员发音。

不过，学习者在进行模仿练习时要注意一点，即访谈材料优于电影片段。因为电影往往夹杂着大量的俗语和方言，不加选择地去模仿有可能会让学习者在现实中遭遇尴尬。我的一位朋友（日本人）是汤姆·克鲁斯的影迷，他模仿了汤姆·克鲁斯主演的电影《壮志凌云》中的军队英语，结果他在不合时宜的场合使用这些英语，给自己惹了不少麻烦。因为很多军队英语中含有大量电视上禁播的词汇，并不适合作为外语学习的模仿材料。

学术界普遍认为，模仿能力属于不容易改变的适应性。不过，前文提到的很多研究只考察了学习者对陌生语音的模仿能力（或者自我评价），实际上反复练习是能够提升模仿能力的。复述、影子练习都是提高模仿能力的好方法。

虽然我们都希望自己的外语发音能地道完美，但是成人学习者几乎都做不到这一点。话虽如此，但如果学习者在学习外语之初就抱着只要能沟通就行的目标，那外语发音就更不可能完美了。所以学习者一定要定一个高一点的目标，并朝着目标努力。最后即使实现不了这个目标，也不要灰心丧气，仍然要尽可能去模仿地道的发音。

此外，学习者在学习发音时一般会较为关注每个元音和辅音的发音。但是很多研究表明，对于母语学习者而言，易懂、好听的发音的关键不是单个音，而是整体的语调和节奏。日本过去有位以模仿外语发音见长的演员藤村有弘，他就能准确把握外语中的语调和节奏。所以，“特征模仿”才是掌握地道发音的秘诀。

掌握能够造句的基本语法

学习者需要掌握能够造句，也就是能进行输出的（以英语为例就是初三到高一水平的）基础语法知识。如果要进一步理解输入内容，最好再掌握一些稍复杂的语法知识。

不过，当遇到一些连讲解都看不懂的复杂语法时，学习者完全可以忽视它。因为从时间投入成本角度来看，学习过难的语法，能达到理想学习效果的概率较低。

提升学习动机

学习者应该想方设法提升自己的学习动机。融合型动机也好，工具型动机也罢，学习动机不分好坏，只要能让学习者乐在其中，就能激发出源源不断的学习干劲儿。学习者可以通过适合自己的活动来提高学习动机，例如报班上课，和朋友一起学习，或者使用喜欢的教材，又或者报名参加考试。另外，学习者也可以把用外语写博客当成学习动机，而且写博客时可以匿名，这样也不用担心写错。

学习者还可以努力提升对外国文化的兴趣。兴趣能驱动学习者更详细地了解外国文化，由此也能提高对外语输入内容的理解，反过来又能提升学习动机。这样一来，外语学习就会进入良性循环。

找到适合自己的学习策略

20 世纪 70 年代开始，第二语言习得领域中关于“优秀的外语学习者”（good language learner）的研究开始盛行，学术界也一直在尝试将研究成果应用于外语教学。优秀的外语学习者的特质主要包括“注意语言形式”“重视交流、有使用语言的意愿”“积极参加学习活动”“关注学习进程”“灵活使用学习策略”。这些特质虽然看上去很普通，但都非常重要。各位读者选择阅读本书，其实就已经做到“关注学习进程”了。

基于这些研究成果，研究者提出了各种学习策略的分类。这里的学习策略，指的是学习者为了掌握第二语言所使用的各种方法。本书将介绍丽贝卡·奥克斯福德（Rebecca Oxford）的学习策略分类法。

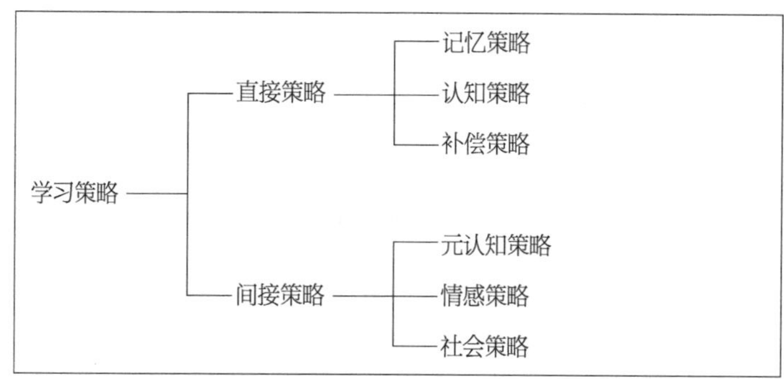

丽贝卡·奥克斯福德的学习策略分类法

奥克斯福德将与语言材料直接相关的策略命名为“直接策略”，除此之外的则是“间接策略”。直接策略分为利用谐音、近义词等技巧储存信息的记忆策略，整理已学知识的认知策略，以及通过猜测等手段弥补外语能力不足的补偿策略（补偿策略与前文提到的交际策略有重合）。

间接策略则分为元认知策略、情感策略和社会策略。元认知策略指组织、评价学习的行为。情感策略指控制焦虑、紧张等负面情绪的手段。社会策略则指与他人合作学习以提升学习效果的方法。

之前曾有研究者将这些学习策略一一介绍给学习者，但是实践效果千差万别。此外还有研究表明，学习者多固执于自己习惯的学习策略，并不愿意尝试新的学习策略。这里其实又涉及第 3 章中提到的适应性和学习方法间的匹配度问题。每个学习者都有最适合自己的学习方法，随意改变反而会影响学习效果。所以即使我们知道谐音有助于单词记忆，也不能去勉强那些不愿意使用这种方法的学习者，否则会适得其反。

输入模式示范——卓有成效的教学实践

最后，我在此介绍两个已经取得实际效果的外语学习实例。第一个实例是重视输入的输入模式教学法，这是我在日本的公立高中教英语时的实践案例。我在教学中采用了以克拉申的输入假说为理论依据的**自然教学法**（natural approach）。一年后的标准考试中，学生的偏差值[①]提高了 10（用百分比表示就是排名靠前的学生由 50% 上升到了 84%）。

由于我任教的是一所普通的公立学校，所以不能进行大刀阔斧的教学改革。我只是在教学中贯彻了克拉申提出的“语法可以留到课后学习，课堂上应该让学生进行可理解输入练习”方针，不在课

① 指相对平均值的偏差数值，是日本人对于学生学习能力的一项计算值。偏差值=50+10×(个人成绩 - 平均值)/ 标准差。偏差值反映的是每个人在所有考生中的水准顺位。——译者注

堂上讲解语法，而是将语法知识做成小册子让学生回家自学。课堂教学中精读和泛读并行，精读借助语法翻译法，泛读则以内容理解为中心。除此之外，我还在课堂中使用辅助阅读教材，鼓励学生阅读更多的英文。除了精读和泛读，我会在学生听完或读完课文后就课文内容进行英语提问，让学生判断对错（True or False），为学生创造更多理解输入内容的机会。这些就是每天英语课的日常流程。

因为学生从高一起就进行了大量的输入练习，所以学年结束时学习者的成绩得到大幅提升，而且这些输入的内容他们能一直记到高三。此外，学生们的语法和写作成绩也毫不逊色，这与输入内容可以迁移到其他技能上这一观点相吻合。

学习三个月可以对话 15 分钟的学习法

第二个实例是输入 – 互动模式的教学实践。美国卡内基·梅隆大学的第二语言习得研究者甲田庆子，展开了一项针对零基础学生的教学实践。在为期三个月，每周 4 次，每次 50 分钟的日语课程后，学生就能在期末用日语进行 15 分钟的对话（这些学生不是只学日语，三个月内还正常学习其他课程）。到了高级阶段，授课教师甚至不会专门教授日语，只是用日语教授其他课程。日本很多初高中生即使学了 6 年英语也做不到用英语对话 15 分钟，但是这个教学活动取得了显著效果，可见其中有很多值得借鉴之处。这些学生不仅能开口说日语，期末每个人还能用日语写两页左右的书信。

甲田庆子课堂的主要学习活动，是让学生使用当天学习的语法模拟采访现场。采访的内容不限，例如朋友、家乡、兴趣、家人、选的课、老师、租的房子、寒假计划等，任何和自己或同学有关的话题都可以。搭档之间互相提问采访，并将在采访中的信息记下来，每堂课的作业就是写一篇关于自己或同学的作文。

学生在每堂课上都要进行涵盖各种句型、表达的对话练习，在对话中记住的这些句型也在无形中丰富了学生的语言表达。期末评价也是这项教学实践的重点，期末考试的一项内容就是让学生进行 15 分钟左右的对话，占到总成绩的 10%。学生知道无论如何都要进行 15 分钟的对话，所以就会事先反复进行演练。

学习者从初级阶段开始就围绕身边的事情进行交流，并且在交流的同时关注内容和语言形式，所以他们能在相对比较短的时间内“使用有限的语法和单词就有限的内容”实现顺畅沟通。课后只需要补充语法知识和单词。

以上两个例子可以直观呈现输入模式和输入－互动模式的特点和效果。当然，这两个例子只是代表，实际教学中还能采取其他多种多样的教学形式。

结语

本书介绍了有关外语学习的各种研究成果，总结了该领域的整体情况，并且论述了实际外语教学和学习中的方法和策略。内容繁杂，在此一并总结。

第一，外语学习成功与否主要与开始学习年龄、适应性和学习动机相关。开始学习的时间越早越好，提升学习动机也很关键。每个人的学习适应性不易改变，找到适合自己的学习方法最重要。

第二，母语是外语习得的基础，所以学习者要最大限度地发挥母语的作用，并且尽可能降低母语中妨碍外语习得部分的影响。母语和外语的差异往往是学习过程中的“拦路虎”，所以可以通过扩充外语的“数据库”来克服这个弊端。扩充外语的“数据库”最有效的机制是“理解输入内容和对输出的需求”，再辅以背诵例句，效果会更加突出。学习者需要意识到的一点是，有意识的知识学习和知识的自动化掌握固然重要，但光靠这两点不足以成功习得外语。最大限度地理解输入内容、最大限度地推动有意识学习的自动化过程才是外语习得的关键。

有人认为第二语言习得研究还不成熟，尚不能指导外语习得的实践，但我不赞成这个观点。世上未知总是多于已知，若只顾埋头向前，不学习前人的经验的话，多会浪费时间。棒球就是最好的例子。虽然不乏棒球运动员自学成才，但更多的运动员还是通过虚心请教教练，学习同行经验，积极吸收棒球领域的研究成果取得的成功。人类无法百分之百地理解语言习得的机制，就像我们无法完全揭示人性一样。现实虽然不免让人泄气，但无视前人的研究成果终究不是明智之举。

希望各位读者可以通过本书了解第二语言习得的进程，提高外语学习和教学效率。世间的很多问题都源自沟通不畅，说到底，学习外语的目的就是异文化间的沟通交流。我真诚地希望外语学习效率的提高能或多或少地解决一部分世间纷扰。

后记

本书是拙作《外语学习的成功者和失败者》(岩波书店，2004年)的续作。本书的首要宗旨和前作一样，就是力求做到通俗易懂，所以我在书中列举了很多生活中遇到的实际的例子。前作承蒙读者厚爱，获得多次重印，2007年韩国文化社出版了拙作的韩语版。我还听闻这本书被选定为很多大学的教科书或课外参考书，每逢3月、4月[①]总是销售火爆。甚至连日本的大学入学考试、研究生入学考试、日语教育能力检定考试都从本书中出题，其影响力着实超出了我的想象。其实前作我就想取名为《外语学习的科学》[②]，但是被编辑弃用，而本书终于得以重新启用这个名字。

我高一时为了完成暑假作业，买了一本大江健三郎的《广岛札记》，这是我买的第一本岩波新书系列的图书。我买这本书的主要

① 4月为日本学校一学年的开始。——译者注
② 本书日版原书名的直译为“外语学习的科学”，亦可译作“科学学外语”。——译者注

原因是小学时我曾在广岛待过四年。但是这本书对于当时正读高一的我来说太难了，所以我读起来一知半解。我买的第二本岩波新书系列的图书是彼得·特拉吉尔（Peter Trudgill）的《语言与社会》，那是大学时的教材。虽然已经是几十年前的往事，但我依然记得那本书非常好，所以我在写本书时总是提醒自己不仅要写出一本“兼具理论和实用的书”，还要让这本书符合教科书的标准。我写的这两本书的主题都是第二语言习得理论，内容上虽然有重合，但我希望各位读者朋友都能读一读。

本书也兼有教科书的特点，所以我对一些重要的专业词汇做了索引，以便于课堂学习或应试。为了方便读者阅读，首次出现在本书中的专业词汇我使用了黑体，并进行了解释。书后我还列出了参考文献，每个参考文献最后都附上了本书相应内容所在的页码，希望对想阅读原文的读者能有所帮助。

我由衷地希望日本的大学能开设更多和第二语言习得理论有关的课程。美国培养外语教师（包括英语教师）的课程中，第二语言习得理论都是必修科目，所以我希望本书能为提高日本人对第二语言习得理论的关注略尽绵薄之力。本书介绍的内容只是第二语言习得研究的庞大体系中的冰山一角，期待读者朋友们能以本书为跳板，去阅读更专业的第二语言习得的著作。

在此，我要感谢俄勒冈大学的出丸香、东京大学的大关浩美、Progress Technologies公司的小西祐一、名古屋学院大学的佐佐木美幸、御茶水女子大学的佐佐木嘉则、多伦多大学的铃木涉、庆应大学的田中茂范、埼玉县立川口高中的田边博史、广岛大学的柳瀬阳介等学者为本书提出的宝贵建议。还要感谢桃山学院大学的凯文·葛瑞格（Kevin Gregg）和荷兰莱顿大学的吉冈庆子为我答疑解惑。最后要感谢岩波书店的早坂希从本书策划到出版给予我的各种帮助。

包括匹兹堡大学在内，美国研究型大学在暑假期间对教师没有什么特别要求，所以我得以在每年5月到8月返回日本。本书的大部分内容是返日期间撰写的，我担任客座研究员的上智大学图书馆为我提供了丰富的文献资料。第5章的部分内容是和上智大学英语教师研究会的吉田研作等各位同僚们讨论之后撰写的，当然，如有不当之处，还是我的责任。本书受到了日本文部科学省科学研究费“第二语言（日语）习得研究·教学概论”（课题编号17520343；负责人：佐佐木嘉则，御茶水女子大学）的资金支持。

最后谨以此书献给今年 1 月溘然长逝的第二语言习得研究领路人——美国加州大学洛杉矶分校的罗杰 · W. 安德森（Roger W. Andersen）。

We miss you, Roger.（罗杰，我们想念您。）

白井恭弘

2008 年夏　于东京

参考文献

注: [ ] 内所示页码，指本书的页码。

前言

Schmidt, R. Interaction, acculturation and the acquisition of communicative competence. In N.Wolfson & E. Judd (Eds.), *Sociolinguistics and language acquisition*. Rowley, MA: Newbury House, 1983. [p.vi]

門田修平『シャドーイングと音読の科学』コスモピア，2007. [p.viii]

長友和彦「第二言語としての日本語の習得研究」，橋口英俊・稲垣佳代子編『児童心理学の進歩 1998 年度版』金子書房，1998. [p.xi]

第 1 章

Odlin, T. *Language transfer*. Cambridge: Cambridge University

Press, 1987. [p.4]

Koda, K. The effects of transferred vocabulary knowledge on the development of L2 reading proficiency. *Foreign Language Annals*, 22,529–540, 1989. [p.6]

Oller, J. W. & Ziahosseiny, S. M. The contrastive analysis hypothesis and spelling errors. *Language Learning*, 20,183–189, 1970. [p.10]

Chee, M. W., Hon, N., Lee, H. L. & Soon, C.S. Relative language proficiency modulates bold signal change when bilinguals perform semantic judgments. *NeuroImage*, 13,1155–1163, 2001. [p.12]

Krashen, S. *Second language acquisition and second language learning*. New York: Pergamon, 1981. [p.13]

佐々木みゆき Is UGUISU an exceptional case of "idiosyncratic variation"?: ...Another counterexample to the "Natural Order"『中国四国教育学会研究紀要』32,170–174, 1987. [p.13]

寺内正典 「形態素の習得」, SLA 研究会（編）『第二言語習得研究に基づく最新の英語教育』大修館書店 , 1994. [p.14]

Hakuta, K. Becoming bilingual: A case study of a Japanese child learning English. *Language Learning*, 26,321–351, 1976. [p.14]

Andersen, R. W. Transfer to somewhere. In S.Gass &L. Selinker (Eds.), *Language transfer in language learning*. Rowley, MA: Newbury House, 1983. [p.14]

Luk, Z.& Shirai, Y. Is the acquisition order of grammatical morphemes impervious to Ll knowledge?Evidence from the acquisition of plural-*s*, articles, and possessive*'s*. *Language Learning*,59,721–754, 2009. [p.15]

田中茂範・阿部一「外国語学習における言語転移の問題(1)–(3)——歴史的背景と現状」,『英語教育』11月号,32–35,12月号,38–40,1月号,78–81, 1988/1989. [pp.15–22]

Shirai, Y. Conditions on transfer: A connectionist approach. *Issues in Applied Linguistics*, 3,91–120, 1992. [pp.15–22]

Kellerman, E. Giving learners a break: Native speaker intuition as a source of predictions about transferability. *Working Papers on Bilingualism*, 15,59–92, 1978. [pp.17–19]

Shirai, Y. U-shaped behavior in L2 acquisition. In H. Burmeister & P. L. Rounds (Eds.), *Variability in second language acquisition:*

Proceedings of the Tenth Meeting of the Second Language Research Forum, Vol. 2. Eugene, OR: Department of Linguistics, University of Oregon, 1990.　[p.18]

Kellerman, E. Now you see it, now you don't. In S. Gass & L.Selinker (Eds.), *Language transfer in language learning*. Rowley, MA:Newbury House, 1983.　[p.19]

McCandliss, B.D., Fiez, J.A., Protopapas, A., Conway, M. & McClelland, J. L. Success and failure in teaching the [r]–[l] contrast to Japanese adults: Tests of a Hebbian model of plasticity and stabilization in spoken language perception. *Cognitive, Affective,& Behavioral Neuroscience*, 2,89–108, 2002.　[p.20]

池上嘉彦 『「する」と「なる」の言語学』大修館書店，1981. [pp.25–26]

第 2 章

Krashen, S., Long, M.& Scarcella, R. Age, rate, and eventual attainment in second language acquisition. *TESOL Quarterly*, 13,573–582, 1979.　[p.30]

Long, M. H. Maturational constraints on language development. *Studies in Second Language Acquisition*, 12,251–286, 1990. [p.30]

Jia, G. & Aaronson, D. A longitudinal study of Chinese children and adolescents learning English in the United States. *Applied Psycholinguistics*, 24,131–161, 2003. [pp.34–35]

Jia, G., Aaronson, D.& Wu, Y. Long-term language attainment of bilingual immigrants: Predictive variables and language group differences. *Applied Psycholinguistics*, 23,599–621, 2002. [pp.36–37]

Johnson, L.& Newport, E. Critical period effects in second language learning: The influence of maturational state on the acquisition of English as a second language. *Cognitive Psychology*, 21,60–99, 1989. [p.36]

Lin, H.-L., Chang, H.-W.& Cheung, H. The effects of early English learning on auditory perception of English minimal pairs by Taiwan university students. *Journal of Psycholinguistic Research*, 33,25–49, 2004. [p.38]

Kuhl, P.K.& Miller, J.D. Speech perception by the chinchilla: Voiced–voiceless distinction in alveolar plosive consonants. *Science*,

190,69–72, 1975. [p.40]

Kuhl, P. K., Conboy, B.T.,Coffey-Corina, S., Padden, D., Rivera-Gaxiola, M.& Nelson, T. Early phonetic perception as a gateway to language: New data and Native Language Magnet Theory, expanded (NLM–e). *Philosophical Transactions of the Royal Society B*,363,979-1000, 2008. [p.40]

Kuhl, P. K., Tsao. F.-M. &Liu, H.-M. Foreign-language experience in infancy: Effects of short-term exposure and social interaction on phonetic learning. *Proceedings of the National Academy of Sciences*, 100,9096–9101, 2003. [pp.41–42]

Bialystok, E., Craik, F.I. M., Grady,C., Chau, W., Ishii, R. Gunji,A.& Pantev, C. Effect of bilingualism on cognitive control in the Simon task: Evidence from MEG. *Neurolmage*, 24,40–49, 2005. [p.45]

Yang, S. & Lust, B. Cross-linguistic differences in cognitive effects due to bilingualism. In *Proc. BUCLD* 31, Vol. 2 (pp.692–703).Somerville, MA: Cascadilla Press, 2007. [p.45]

Bialystok,E., Craik, F.I.M.& Freedman, M. Bilingualism as a protection against the onset of symptoms of dementia. *Neuropsychologia*, 45,459–

464, 2007. [p.46]

第3章

安藤寿康・倉八順子・鹿毛雅治・福永信義・中野博・須藤毅「英語教授法の比較研究：コミュニカティヴ・アプローチと文法的・アプローチ」,『教育心理学研究』40,247–256, 1992. [p.52]

Long, M. H. Maturational constraints on language development. *Studies in Second Language Acquisition*, 12,251–286, 1990. [p.52]

Ioup G., Boustagui, E., Tigi, M.E.& Moselle, M. Reexamining the critical period hypothesis: A case study of successful adult SLA in a naturalistic environment. *Studies in Second Language Acquisition*, 16,73–98, 1994. [p.53]

Bongaerts, T., van Summeren, C., Planken, B.& Schils, E. Age and ultimate attainment in the pronunciation of a foreign language. *Studies in Second Language Acquisition*, 19,447–465, 1997. [p.53]

Rubin, D. Nonlanguage factors affecting undergraduates' judgments of nonnative English-speaking teaching assistants. *Research in Higher Education*, 33,511–531, 1992. [p.54]

Skehan, P. *A cognitive approach to language learning*. Oxford: Oxford University Press 1998. [p.55]

Wesche, M. B. Language aptitude measures in streaming, matching students with methods, and diagnosis of learning problems. In K. C. Diller (Ed.), *Individual differences and universals in foreign language aptitude*. Rowley, MA: Newbury House, 1981. [p.57]

DeKeyser, R. M. The robustness of critical period effects in second language acquisition. *Studies in Second Language Acquisition*, 22,499–533, 2000. [p.58]

Harley, B.& Hart, D. Language aptitude and second language proficiency in classroom learners of different starting ages. *Studies in Second Language Acquisition*, 19,379–400, 1997. [p.58]

Ellis, R. *The study of second language acquisition*. Oxford: Oxford University Press, 1994. (Ch.6) [p.59, 61]

Baron-Cohen, S. *The essential difference: The truth about the male and female brain*. New York: Basic Books, 2003. [p.60]

Busch, D. Introversion-extroversion and the EFL proficiency of Japanese students. *Language Learning*, 32,109–132, 1982. [p.61]

Strong, M. Social styles and the second language acquisition of Spanish–speaking kindergartners. *TESOL Quarterly*, 17,241–258, 1983. [p.61]

Guiora, A.Z., Beit-Hallahmi, B., Brannon, R.C.L., Dull, C.Y.& Scovel, T. The effects of experimentally induced changes into ego states on pronunciation ability in a second language: An exploratory study. *Comprehensive Psychiatry* 13:421–428, 1972. [pp.62–63]

Scovel, T. *Learning new languages: A guide to second-language acquisition*. Boston, MA: Heinle & Heinle, 2001. [pp.64–65]

吉田研作「新学習指導要領と今後の日本の英語教育」，上智大学英語教員研究会例会講演，上智大学，5 月 31 日，2008. [pp.65–67]

Gardner, R.C.& MacIntyre, P.D. A students'contribution to second language learning, Part II: Affective variables. *Language Teaching*, 26,1–11, 1997. [pp.68–70]

Gardner, R.C.& MacIntyre, P.D. An instrumental motivation in language study: Who says it isn't effective? *Studies in Second Language Acquisition*, 13,57–72, 1991. [pp.69–70]

郭俊海・大北葉子「シンガポール華人大学生の日本語学習の動機づけについて」,『日本語教育』110,130–139, 2001.　[p.70]

Yashima, T., Zenuk-Nishide, L.& Shimizu, K. The influence of attitudes and affect on willingness to communicate and second language communication.*Language Learning*, 54,119–152, 2004.　[p.70]

Dörnyei, Z. Individual differences in second language acquisition. *AILA Review*, 19,42–68, 2006.　[p.73]

第 4 章

Canale, M. From communicative competence to communicative language pedagogy. In J. C.Richards & R. W.Schmidt (Eds.), *Language and communication*. London: Longman, 1983.　[pp.76–78].

Pawley, A.& Syder, F.H. Two puzzles for linguistic theory: Nativelike selection and nativelike fluency. In J. C.Richards & R.W. Schmidt(Eds.), *Language and communication*. London: Longman, 1983. [pp.79–81]

Bolinger, D.& Sears, D. A. *Aspects of Language*. (3rd ed.) New York: Harcourt Brace Jovanvich, 1981.　[p.80]

Pinker, S. *Words and Rules*. New York: Basic Books, 1999. [p.81]

Goldberg, A.E. Constructions: A new theoretical approach to language. *Trends in Cognitive Sciences*,7, 219–224, 2003. [p.81]

Chapelle, C.& Roberts, C. Ambiguity tolerance and field independence as predictors of proficiency in English as a second language.*Language Learning*, 36,27–45, 1986. [p.83]

Asher, J. J. The total physical response approach. In R. W. Blair (Ed), *Innovative approaches to language teaching*. Rowley, MA: Newbury House, 1982. [p.88]

Postovsky, V. The effects of delay in oral practice at the beginning of second language learning. *Modern Language Journal*, 58,229–239, 1974. [p.89]

Sachs, J., Bard, B.& Johnson, M. L. Language learning with restricted input: Case studies of two hearing children of deaf parents. *Applied Psycholinguistics*, 2,33–54, 1981. [p.91]

Kuhl, P.K., Tsao. F.-M. & Liu, H.-M. Foreign-language experience in infancy: Effects of short-term exposure and social interaction on phonetic learning. *Proceedings of the National Academy of Sciences*,

100,9096–9101, 2003. [p.91,96]

Parr, P. C. & Krashen, S. Involuntary rehearsal of second languages in beginning and advanced performers. *System*, 14, 275–278, 1986. [p.94]

Rodrigo, V., Krashen, S. & Gribbons, B. The effectiveness of two comprehensible - input approaches to foreign language instruction at the intermediate level. *System*, 32,53–61, 2004. [p.94]

Yoshida, K.A., Pons, F.,Cady, J.C.& Werker, J. F. Distributional learning and attention in phonological development. *Poster presented at the 15th Biennial International Conference on Infant Studies*, Kyoto, 2006. [p.97]

Krashen, S. The Input Hypothesis: *Issues and implications*. London: Longman, 1985. [pp.97 – 99]

Squire, L. R. & Zola-Morgan, S. The medial temporal lobe memory system, *Science*, 253, 1380–1386, 1991. [p.100]

Robinson, P. Aptitude and second language acquisition. *Annual Review of Applied Linguistics*, 25,46–73, 2005. [p.103]

第5章

Corder, S. P. The significance of learner's errors. *International Review of Applied Linguistics*, 5,161–170, 1967. [p.113]

Schachter, J. An error in error analysis. *Language Learning*, 27,205–214, 1974. [p.115]

Long, M. H. Stabilization and fossilization in interlanguage development. In C.J. Doughty & M.H.Long (Eds.), *The handbook of second language acquisition*. Malden, MA: Blackwell, 2003. [p.115]

Shirai, Y.& Andersen, R. W. The acquisition of tense/aspect morphology:A prototype account. *Language*, 71,743–62, 1995. [p.116]

Schumann, J. The acquisition of English negation by speakers of Spanish: A review of the literature. In R. W.Andersen (Ed.), *The acquisition and use of Spanish and English as first and second languages*. Washington, D.C.: TESOL, 1979. [pp.117–118]

Stauble, A. A comparison of the Spanish-English and Japanese-English interlanguage continuum. In R. W.Andersen (Ed),*Second languages: A crosslinguistic perspective*. Rowley, MA: Newbury House, 1984. [p.118]

Tarone, E. Interlanguage as chameleon. *Language Learning*, 29,181–191, 1979. [p.120]

Beebe, L. M. Five sociolinguistic approaches to second language acquisition. In L. M. Beebe (Ed.), Issues in second language acquisition: *Multiple perspectives*. New York: Newbury House, 1988. [p.120]

Meisel, J., Clahsen, H. & Pienemann, M. On determining developmental stages in natural second language acquisition. *Studies in Second Language Acquisition*, 3,109–135, 1981. [p.122]

Yoshida, K. The problem of espoused objectives versus practice. *Modern Language Journal*, 87,290–292, 2003. [p.125]

Oller, J. W.,Jr. Some working ideas for language teaching. In J. Oller & P. Richard-Amato(Eds.), *Methods that work: A smorgasbord of ideas for language teachers*. Rowley, MA: Newbury House, 1983. [pp.126–127]

Swain, M. Communicative competence: Some roles of comprehensible input and comprehensible output in its development. In S. M. Gass & C.G. Madden (Eds.), *Input in second language acquisition*. Rowley, MA: Newbury House, 1985. [p.132,138]

Huang, J. & Hatch, E. M. A Chinese child's acquisition of English, In E.M.Hatch (Ed), *Second language acquisition: A book of readings*. Rowley, MA:Newbury House, 1978. [p.136]

Shehadeh, A. Comprehensible Output, from occurrence to acquisition:An agenda for acquisitional research. *Language Learning*, 52,597–647, 2002. [p.139]

国立教育政策研究所教育課程研究センター「平成 17 年度高等学校教育課程実施状況調査結果の概要」, 2007. [p.142]

Toth, P. D. Teacher-and learner-led discourse in task-based grammar instruction: Providing procedural assistance for L2 morphosyntactic development. *Language Learning*, 58,237–283, 2008. [p.143]

吉田研作「新学習指導要領と今後の日本の英語教育」, 上智大学英語教員研究会例会講演, 上智大学 ,5 月 31 日 , 2008. [pp.143–144]

Zobl, H. Grammars in search of input and intake. In S.Gass & C. Madden (Eds.), *Input in second language acquisition*. Rowley, MA: Newbury House, 1985. [pp. 144–145]

Eckman, F., Bell, L. & Nelson, D. On the generalization of relative clause instruction in the acquisition of English as a second language. *Applied Linguistics*, 9,1–20, 1988. [pp.144–145]

Shirai, Y. Linguistic theory and research: Implications for second language teaching. In G. R. Tucker & D. Corson (Eds.),*The encyclopedia of language and education, Vol.4: Second language education*. Dordrecht: Kluwer Academic, 1997. [pp.144–145]

Shirai, Y.& Kurono, A. The acquisition of tense-aspect marking in Japanese as a second language. *Language Learning*, 48,245–279, 1998. [p.145]

Krashen, S.D. Theory versus practice in language training. In R. W. Blair (Ed.), *Innovative approaches to language teaching*. Rowley, MA: Newbury House, 1982. [p.145]

White, L. Adverb placement in second language acquisition: Some effects of positive and negative evidence in the classroom. *Second Language Research*, 7,133–161, 1991. [p.146]

Lightbown, P.& Spada, N. How languages are learned(3rd ed). Oxford:Oxford University Press, 2006.(Ch.6). [p.146]

Jeong, H., Sugiura, M., Sassa, Y., Haji, T.Usui, N.,Taira, M.,

Horie, K., Sato. S.& Kawashima, R. Effect of syntactic similarity on cortical activation during second language processing: A comparison of English and Japanese among native Korean trilinguals.*Human Brain Mapping*, 28,194–204, 2007. [p.147]

第6章

Erman, B.& Warren, B. The idiom principle and the open choice principle. *Text*, 20,29–62, 2000. [p.155]

Piske, T., Mackay, I. R. A.& Flege, J.E. Factors affecting degree of foreign accent in an L2: *A review. Journal of Phonetics*, 29,191–215, 2001. [p.161]

Anderson-Hsieh, J.,Johnson, R.& Koehler, K. The relationship between native speaker judgments of nonnative pronunciation and deviance in segmentals, prosody, and syllable structure. *Language Learning*, 42,529–555, 1992. [p.163]

Oxford, R. *Language learning strategies*. Rowley, MA: Newbury House, 1990. [p.165]

O' Malley, J. M., Chamot, A. U., Stewner-Manzanares, G., Russo,

R. P. & Kupper, L. Learning strategy application with students of English as a second language, *TESOL Quarterly*, 19,557–584, 1985. [p.165]

白井恭弘「インプットを重視した英語指導」,『だいあろーぐ』(増進堂)9月号 9–13, 1986. [pp.166–167]

SLA 方面的教科书与概论图书

小池生夫・木下耕児・成田真澄・寺内正典(編)『第二言語習得研究の現在』大修館書店，2004.

SLA 研究会(編)『第二言語習得研究に基づく最新の英語教育』大修館書店，1995.

小柳かおる『日本語教師のための新しい言語習得概論』スリーエーネットワーク，2004.

迫田久美子『日本語教育に生かす第二言語習得研究』アルク，2002.

畑佐由紀子(編)『第二言語習得研究への招待』くろしお出版，2003.

山岡俊比古『第2言語習得研究』桐原ユニ，1997.

白井恭弘『外国語学習に成功する人，しない人』岩波書店，2004.

Brown，H.D. *Principles of language learning and teaching*. Englewood Cliffs，NJ：Prentice Hall, 1980.(阿部一・田中茂範訳(1983)『英語教授法の基礎理論』金星堂)

Bialystok，E.&Hakuta，K. *In other words*.New York：Basic books, 1994.(重野純訳(2000)『外国語はなぜなかなか身につかないか』新曜社)

Cook,V.J. *Second language learning and language teaching*. London：Arnold, 1991.(米山朝二訳(1993)『第2言語の学習と教授』研究社出版)

Ellis, R. *Understanding second language acquisition*. Oxford: Oxford University Press, 1985.(牧野高吉訳(1988)『第2言語習得の基礎』ニューカレントインターナショナル)

Ellis, R. *The study of second language acquisition*. Oxford: Oxford University Press, 1994.(金子朝子抄訳(1996)『第二言語習得序説』研究社出版)

Larsen-Freeman, D.& Long, M.H. *An introduction to second*

language acquisition research. London: Longman, 1991.(牧野高吉・萬谷隆一・大場浩正訳 (1995)『第 2 言語習得への招待』鷹書房弓プレス)

Lightbown, P.& Spada, N. *How languages are learned*. (3rd ed.) Oxford:Oxford University Press, 2006.

索引

A

B

C

D

F

G

H

J

K

L

N

P

Q

R

S

T

W

X

Y

Z

其他

图灵教育·个人成长图书

《番茄工作法图解：简单易行的时间管理方法》

[瑞典] 史蒂夫·诺特伯格　著，大胖　译

《单核工作法图解：事多到事少，拖延变高效》

[瑞典] 史蒂夫·诺特伯格　著，大胖　译

《如何开会不添堵：消除拖延、误解与对抗的沟通协作术》

[日] 榊卷亮　著，丁灵　译

《懒人图解传播术："疯传"的逻辑与技术》

林长扬　著

《写作的逻辑：从清晰表达到高效沟通》

[日] 仓岛保美　著，甘菁菁、柳慕云　译